感情は、すぐに脳をジャックする

コルク代表・編集者
佐渡島庸平

予防医学研究者
石川善樹

羽賀翔一 画

Gakken

汚れつちまつた悲しみに
今日も小雪の降りかかる
汚れつちまつた悲しみに
今日も風さへ吹きすぎる

中原中也　詩集『山羊の歌』より

僕はこの詩と出会った瞬間から、

「汚れちまった悲しみ」

という感情を知るための旅を続けています。

はじめに

感情を知るということは、自分を知るということ

僕がはじめて中原中也の詩と出会ったのは、中学生の頃です。「汚れちまった悲しみ」は当時の僕にとって未知の観念であり、どういった感情なのかがまったく理解できず、ずっと考え続けていました。

やがて僕は、何かしらの悲しさを感じるたびに「この感情が、〝汚れちまった悲しみ〟なのだろうか？」と問うようになりました。と同時に、自分の感じる悲しみにもさまざまなニュアンスや強さ、様相があり、注意深く意識を向けることで「違い」があるのだという点に気づくようになったのです。

未だ「これだ！」と感じるほどの経験には出会っていませんが、彼の詩は、僕の「悲しみ」に対する解像度を高め、感情を丁寧に味わうことを教えてくれました。

悲しみにもいろいろな種類があることを知ると、今度はそれを一つひとつ実感してみたいと思うようになります。「悲しみなんて経験したくない。できれば避けて生き

ていきたい」と願う人も少なくないでしょうが、僕にとって感情を味わうことは、人生を味わっているのと同義だからです。**人生を面白くするために、少しでも多くの感情を味わいたい。たとえそれがネガティブな感情であろうとも――。**そう考えていました。

そんな感情への探求の過程で、本書の共著者であり友人の、予防医学研究者・石川善樹と出会いました。

「僕は、幸せとはさまざまな感情をバランスよく感じることのできる生き方だと考えていて。だから今は、これまで避けがちだった感情のひとつである〝恥〟を、できるだけ感じる生活をしてみようと思っているんだよね。それはもう、死にたくなるくらいの超恥ずかしい体験をしてみたい！」

嬉々としてそう語る彼にとっての感情は、僕の考えと重なる部分がありました。そこで、お互いに感情という抽象の世界を少しでも深く理解していくための話をしよう、ということになったのです。

本書の前半は僕自身による感情への考察というスタイルになっていますが、その背景には、彼の解釈から受けた刺激や知見が大きく存在しています。僕一人では到底たどり着けた世界ではなく、本書は石川善樹とともに作り上げたものだと考えています。

ビジネス書のように特定のスキルを向上させるノウハウとは違うものの、**自分の感情を細かく認知できるようになると、あらゆるアウトプットが確実に変わります。**なぜならもし嫌なことがあっても、すべてを「最悪」という解像度の低い表現で済ませてしまっては、感情の違いを理解することも、それ以上アウトプットを変えることもできないからです。

「感情を知る」ことは、「自分を知る」ことにつながります。本書をとおして、あなたの内なる世界が深まることを願っています。

佐渡島庸平

CONTENTS

第3章 感情を正しく認知する

第4章

感情を語り、思考を深める

――ネガティブ感情編

第5章 感情を語り、思考を深める——ポジティブ感情編

第1章

感情を疑う

僕たちは、こんなにも感情に「鈍感」だ

「5分前、あなたは何をしていましたか？」

唐突になんの話だと感じるかもしれませんが、ちょっと考えてみてください。あなたならどのように答えるでしょうか。おそらく、自身の少し前の行動を振り返り、さほど悩むことなく「○○をしていた」といった具体的な返答ができると思います。たとえこれが「30分前」や「1時間前」の行動であったとしても、記憶の糸を手繰り寄せていけば、そう難しいことではないでしょう。

ではここで、少し質問を変えてみます。

「5分前、あなたは何を感じていましたか？」

この「感じている」とは、いわゆる心の状態を指しています。ですから言い換えるのならば、「どんな感情を抱いていましたか？」ということです。

どうでしょうか。

同じ5分前の記憶のはずなのに、「何をしていたか」に比べると、かなりあいまいな印象になっているのではないかと思います。思い浮かべた状況によっては、「そもそも何か感じていただろうか？」という疑念すらよぎるかもしれません。

しかし、思考と感情は密接な関係にあるので、日常生活において何かしらの思考活動をしている以上、感情も存在しているはず。それなのに私たちは、ほんの5分前の感情でさえ、覚えていない（思い出せない）ことが多々あります。

たとえば、スマートフォンでさまざまなコンテンツをチェックしているとき、それを受けて自分がどんな気持ちになっているかを、わざわざ意識しながら閲覧することはほぼありません。仕事の打ち合わせで上司から言われた言葉に、なんとなく落ち込んだり、嬉しくなったりしたとしても、「私は今、どんな気持ちなのか？」と自問することなく、その多くを漠然とやり過ごしています。

ほかにも職場やプライベートでのコミュニケーション、ＳＮＳ、マンガやドラマ、映画、お気に入りの動画コンテンツの視聴など、日々のあらゆるシーンにおいて情報を浴びるように受け取っては、まるで現代社会のスピードに呼応するように、感情をめまぐるしく変化させています。

次々と生まれては、本人も「無自覚」のうちに消えていく無数の感情。そこにはポ

ジティブな感情だけでなく、ネガティブ感情も含まれているでしょう。すんなりと消化してしまうものもあれば、心の底に澱(おり)のようにたまっていく感情もあるかもしれません。

一方で、強い感情が沸き上がったときには、まるでその感情がすべての時間と空間を支配してしまったかのように思える場合もあります。

夜、眠りにつく前に「なんだか今日は、いろいろとしんどい一日だったな……」と感じていても、朝から晩まで嫌な出来事や感情が絶え間なく続いていたわけではないはずです。その途中では、友人との会話で笑っていたかもしれないし、休憩時間に飲んだコーヒーの香りに癒されていたかもしれません。それでも一日の印象がネガティブになってしまうのは、もっとも強く抱いた感情が「しんどい」だったから。ほかの感情の記憶は、強い感情によって押しやられてしまったと考えられます。

気持ちの切り替えが上手な人とは、こうした小さな感情をしっかりと認知できていて、バランス感覚にも優れているのかもしれません。

感情とは、確実に存在しているにもかかわらず、これほどまでにあいまいなものだと思っています。

感情をマネジメントしたりコントロールしたりするための情報は、書籍やインターネット上で、いくらでも見つけることができます。

しかし、僕はそれ以前に**「そもそも自分の感情をちゃんと認知できているのか?」**という疑念がありました。**「怒りや悲しみに対処する方法」を知ることと、「自分にとっての怒りとは? 悲しみとは?」を理解することは、別の話だからです。**

「感情」とは何か。

編集者にとっての感情とは、コンテンツのストーリーやキャラクターを描く際の重要なファクターです。マンガ家や作家との打ち合わせでも、「感情をどう描くか」について徹底的に追求していきます。新人マンガ家に対しては特に、ことあるごとに「このシーンではどんな感情を描きたいの?」「それはどんな感情なの?」「あなたならどう感じると思う?」などと投げかけて、感情を深く掘り下げていきます。

ところが、自分自身の感情や感情そのものの定義については、正直、僕もあまり意識をしたことがありませんでした。冒頭の質問のように、5分前の自分の感情でさえ言語化できなかったのです。

これは「悲しみ」を作品で描きたいのに、「悲しみとは何か」を理解していないようなもの。「感情をどう描くか」というクリエイティブな仕事をしているにもかかわらず、日々の感情に対してはとても「鈍感」だったのだと気づきました。

感情そのものを理解したい僕にとって、「実は多くの感情を見逃している」という事実は、価値観を揺さぶりました。

いわゆる「無知の知」ですね。

感情の一つひとつを認知し、解像度をどれだけ高められるか――。

これは自身のあらゆるインプットやアウトプットに深く関わるものであり、目に見えないもの・実体のないものにアンテナを向けて、注意深く観察を繰り返す作業だとも言えます。そして「どうすればより深く理解できるのか」を考える以前に、「そもそも認識すらちゃんとできていなかったのだ」ということを、僕自身が受け入れる必要がありました。

「社会はこれほどまでに感情であふれているのに、僕らは感情そのものに鈍感である」

まずはこの前提に立つことが、感情を理解するためのスタート地点だったのです。こうして踏み出したのは、**「感情とは」を問い続け、分解していく思考の世界でした。**

明確なゴールや答えに辿り着くことはないかもしれませんが、僕自身は、この旅路の過程そのものを楽しんでいくつもりです。

というわけで第1章では、これまで見逃していた「無自覚の感情」について考えていきたいと思います。

POINT

感情を知るには、「無知の知」を自覚することからはじめよう

どんな意思決定にも、感情バイアスは働いている

「感情は、すぐに脳を乗っ取る」
「感情を知っていると、人は幸福になれる」

これは本書の共著者であり、友人でもある石川善樹の言葉です。

そもそも僕が感情認知の重要性を痛感するようになったのは、勤めていた講談社を退職し創立した、エージェント会社・コルクで経営者としての職務を担うようになってからのことです。

それまでの僕にとって「感情」とは、マンガ誌『モーニング』の編集者として、作品の中でどう描いていくかが中心でした。「面白い作品を世に生み出すために不可欠

なもの」ではあるものの、自分自身が抱く日々の感情と深く向き合う必要性はそれほどなかったのです。ある意味、鈍感でもそれなりにやり過ごせていました。

ところが、起業して経営者というポジションになったとたん、状況が一変します。物事を進めるにしても、これまで僕を守り導いてくれていた上司の存在や先輩からのアドバイス、組織としての盤石なスキームはもうありません。すると**最終的な意思決定を自分が行う際に、「本当にこれでいいのだろうか……?」と、ものすごく感情が揺さぶられるのです。**

一般的には「ビジネスにおける意思決定に、感情は持ち込まない」がセオリーだと思いますが、現実はそうスマートにはいきませんでした。自身の精神的な未熟さを、度々思い知ることになりました。

特に想定外の事態やトラブルの情報が入ってくると、どうしても感情が大きく揺れ動きます。期待していたような展開にならないことへの苛立ちや落胆、不安は、衝動的に湧き上がってしまいます。「やったー!」と喜んでいたかと思えば、次の瞬間はがっかりするなど、自覚のないまま感情のアップダウンをやり過ごしていました。

中でもやっかいなのが、「怒り」の感情です。

怒るという行為は、他人を強制的に動かすための、もっとも早くて安易なパターンです。今でこそ「怒ったところで人や環境は何も変わらない」と言えますが、起業したばかりのころは、怒りという感情への理解も解像度も低く、自身の恐れや不安への裏返しであることに気づかぬまま、何かうまくいかないことがあると怒っていました。

そして、このように**感情がネガティブなほうへと揺れ動いているときに、別の意思決定をしようとすると、「ここはいったんストップしたほうがよいかな……」などと、消極的な選択肢を選びたくなってしまうのです。**逆に、物事がうまく進んでいるときは精神的にもポジティブになっているので、あらゆる意思決定も楽観的かつ安易になりがちです。

良くも悪くも感情という存在の大きさと影響力を、否応なしに突き付けられていました。

そんなとき、善樹との会話で出てきたのが、前述した「感情は、すぐに脳を乗っ取る」でした。

僕はこの言葉を聞いた瞬間、「なるほど、まさにそれだ！」と腹落ちしたように感じていました。これまで自分の中で抱いていた疑念や葛藤に対して、言葉のニュアンスがとてもしっくりきたのを覚えています。

僕はまさに、感情に乗っ取られている日々を送っていたわけです。

これが、感情の定義そのものを自分なりに考察することへの意欲となり、概念が大きくシフトチェンジするきっかけとなりました。

ただ、ここで注意しているのは、**特定の感情を否定しないことと、感情に善悪や優劣をつけないことです。**

それまでの僕は、感情には「良い感情」と「悪い感情」があると考えていて、できるかぎり「良い感情」の状態であろうとしていました。しかし、特定の感情に固執するのも、「悪い感情」をないことにして押し殺すのも、見方を変えれば脳が感情に乗っ取られている状態です。

生まれた感情にはすべて意味がありますし、どんなに抗っても感情と脳を切り離すことは不可能です。大切なのは、**「あらゆる感情は、自分の行動や意思決定に影響している」と、まずは受け入れることだと思います。**

感情のバイアスは至る所に隠れていますが、いったんそれを認識することでアウトプットは大きく変わってきます。

たとえば、次のような考え方ができるようになるかもしれません。

- **自分は今、怒りを感じている。この状態のままで判断をするのはやめておこう。**
- **クライアントに提案した企画が評価されて、すごく嬉しい！　でも、楽観視しすぎないように気をつけていこう。見直すべき点もあるかもしれない。**
- **〇〇さんの意見には、いつも賛同できない。……でもこれって、もしかすると自分が〇〇さんのことを苦手だと思っているからなのかな？　意見そのものに対する純粋な視点で考えられているだろうか？**

善樹いわく「感情の乗っ取り自体を拒否するのは難しい」のだそう。僕もこれには同感です。それでも「自分は今、この感情に乗っ取られているな」と認識できるようになれば、ひとつの感情にとらわれ続けることは回避できると思います。

起業当初、「怒り」の奮発に振り回されていた僕は、「自分はなぜ怒っているのか？」を分解してみることにしました。するとどうやら、「社員に成長してほしい」や「この人は優秀だぞ」という期待があり、思い描いたような反応がないことに怒っていたのです。であれば、**怒ることよりも「期待している」ことを伝えるほうが、相手に理解してもらえるのではと考えるようになりました。**

しかしさらに思考を深めていくと、「他者に期待する（期待を伝える）」というのも感情による一方的な行為であり、実は自分の甘えから生まれているのではという点にも気づきます。そうなると今度は「期待を伝える」とは別のアウトプットを見つけようと考えを巡らせます。どれが正解というわけではなく、こうして感情の枝葉を広げているのです。

また誰かがミスをしてイライラするのは、ミスによって会社の基盤が崩れるのではという「恐れ」が僕にあるからでした。ならば、基盤が崩れることに対する恐れのほうを軽減するには、どのような体制が必要かを模索するほうが建設的です。

こうして僕は、感情を分析・分解する中で、自分にできることを探すようになっていきました。

POINT

**その意思決定には
どんな感情が働いているかを認識する**

「無自覚の感情」を認知するには

コルクには、所属する新人マンガ家たちが互いからさまざまな刺激を受け、チームで作品づくりを行うコルクスタジオというコミュニティがあります。

ここでは、これまで主流だったマンガ家と編集者という1対1ではなく、マンガ家同士で各自の作品に意見やアイデアを出し合ったり、ひとつの作品を役割分担して作り上げたりといった挑戦をしています。

たった一人の卓越した才能を持つマンガ家による制作ではなく、米国の映像制作会社・ピクサーのように、各専門技術を持ったチームによる分担制作でありながら、独創性と高いクオリティを誇るコンテンツを生み出すことを目指しています。

ある日、コルクスタジオに所属するマンガ家たちと僕で、メンバーの一人が描いたネームについて意見を出し合う機会を設けました。その場ではいろいろなアイデアやフィードバックが出ていたのですが、数日後、彼はそのネームを破棄し、ゼロベースで別の物語のネームを仕上げてきたのです。

僕は前回のネームそのものが悪いとはまったく感じておらず、フィードバックを参考にブラッシュアップしていけばよいと考えていました。メンバーからの意見も作品に対する批判ではなく、どれも「こういう部分を変えると、もっと良くなると思う」といったものです。

——もしかすると自分の作品が全否定されたという怒りの感情で受け止めてしまい、別のネームを描き直したのかもしれない。

そう感じた僕は話をすることにしたのですが、彼にとっては意外だったようで、「僕は怒っていないですし、みんなからのフィードバックにもありがとうと伝えました」と言うのです。ただ、みんなのコメントを読んだうえで、ネームを新たに描き直したほうがよいと判断したとのことでした。彼は投げやりな話し方をするわけでもなく、いつもどおりの冷静さです。確かにその様子は、怒っていることを必死に隠そうとしているものではありませんでした。

このとき僕は、彼にとって「怒る」ということは、「感情的になって声を荒らげたり、周囲に無礼な振る舞いをしたりすること」が象徴なのだと理解しました。片や僕は、たとえ声を荒らげていなくても、「ありがとう」とお礼を伝えていても、他人のアドバイスをなかったことにするという行動に「静かな怒り」を感じたのです。また本当に怒っていないのだとすると、彼が自覚しているはずの感謝の気持ちと、実際の行動が少しちぐはぐな気もします。

彼に才能を感じてずっと一緒にやってきた僕としては、これを感情と向き合う機会にしてほしかったので、僕なりの考えをできるだけ伝えました。

最初は「怒っていない」と言っていた彼も、僕と話しているうちに、なんとなく意図を理解し、自分の感情を丁寧に捉えようと試みていました。そして彼なりに出した答えは、「自分の中に〝怒ることはダメなこと〟という固定観念があったのかもしれません。だからこんなことで怒ったら、僕はみんなからダメな人間だと思われてしまう――。それが嫌で、自分は怒っていないのだと思っていたのかな……。でも佐渡島さんが僕の行動を〝怒っている〟と受け止めたのも事実ですよね。もう少しちゃんと、自分の感情を見つめ直してみようと思います」というものでした。

誤解してほしくないのですが、ここで僕が伝えたかったのは、「君は怒っていたのだよ」と認めさせることではありません。**「感情には無自覚なものもあり、どんな感情ゆえに行動しているのか、自分では気づいていないことがある」**という点です。

そしてこれは彼だけでなく、僕も含めた多くの人が陥る事象だと思います。

かくいう僕も、コルクのメンバーから、「佐渡島さん、さっきは随分と怒っていましたね～」と指摘されることがあります。本当に怒っていることもあるし、「怒ってはいないよ。イライラしているけど」と返す場合もあります。

いずれにせよ、周囲から「怒っている」と思われたのには間違いないので、「ああいう態度や言動は、怒りとして受け取られるのだな。もしかすると僕の中に認知のズレがあるのかもしれない」という視点は持つようにしています。そのうえで、今後はどのような行動を取ればよいのかを考えていくわけです。

怒りや焦り、恐れ、嫌悪、嫉妬など、社会的に「表に出さないほうがよい」とされている感情は、たとえ抱いたとしても、ないものとして振る舞っていることがあります。これを日常的に繰り返していると慣れてしまい、やがて感情を認知することさえもできなくなってしまいます。

コルクスタジオのメンバーや僕のエピソードのように、周囲の人から言ってもらえる環境を作ることは、実はとても重要なのではないでしょうか。

僕はこうした感情の認知を、意識的にトレーニングするようにしています。その方法はいろいろあると思いますが、僕自身が実践しているものに関しては、大きく分けて2つの視点が考えられます。

①自分の感情を客観視するために、周囲からフィードバックしてもらう

②自分の行動や心理を振り返ることで、感情の解像度を高める

①については、「指摘しづらい」と感じて遠慮する人がいるでしょうし、自然発生的に起こる機会はそう多くないと思います。先に触れたように、日頃からフィードバックをもらえる機会を意図的に作り出すことが必要です。「あのとき、何についてイライラしていたの?」「すごく楽しんでいるように見えたよ」「ミーティングで、不安そうにしていたね」など、他者から見た印象を教えてもらうことで、自分の感情を俯瞰し、自分と周囲の「認知のズレ」を発見することへとつながります。

②は、感情の振り返りを日々の習慣として取り入れる方法です。たとえば、夜寝る前に**「一日の中で、どんな感情が生まれていたか」**や**「一日のはじまりと終わりを、どのような感情で迎えたか」「あのときの言動には、どんな感情が伴っていたのか」**などを思い出し探っていくと、自身の感情の背景にあるものが見えてくるかもしれません。ときには自覚している感情そのものを「本当にそうだろうか?」と疑ってみるのも面白いと思います。

また僕は定期的にコーチングを受けており、思考の整理や気づきを得るだけでなく、ときとして無自覚の感情を認知するきっかけにもなっています。いわば①と②のハイブリッドといったところでしょうか。

感情について語る機会や考察して理解を深める習慣もなかったころに比べると、今は自身の中に新たな解釈や行動原理が生まれていると感じています。

POINT

日々の振り返りによって感情を認知するアンテナを磨こう

あなたの感情は、あなただけのもの

僕の感情は、僕自身が、僕の中に生み出したものです。

改めて書いてみると当然のことなのですが、実はこのシンプルな事実さえ、うっかりすると忘れてしまいがちです。特にコミュニケーションの中で生まれた感情については、「相手によって引き起こされた」と捉えてしまうことがあります。

「〇〇さんのせいで、ずっとイライラしてしまう」
「上司に怒られて落ち込み、何もする気になれない」
「〇〇さんと話していると、いつも楽しい気持ちになれる」
「〇〇してあげたのに、相手が喜んでくれなくて悶々とした」

これらに共通しているのは、**「相手の言動によって、自分はこのような感情になった（された）のだ」というバイアスです。**

以前、善樹とこのようなテーマの話をしたことがあるのですが、その際に彼が言っていた印象深い言葉があります。

それは**「感情を、簡単に他者に渡してしまわないほうがよい」**というもの。

たとえば、僕が誰かに対して怒りを感じているときに「こんな気持ちになっているのは相手のせいだ！」と受け止めてしまったら、「感情を他者に渡している」ことになります。自分の感情の原因が相手にあると思っているので、状況を変えようとするならば相手の言動や思考を変えなければなりません。それは簡単なことではないので感情は停滞し、ストレスが大きくなる可能性もあります。

でも、なぜ自分が怒っているのかを考え、**「相手への期待が経緯を経て怒りに変化した」**と気づけたら、自分次第で変えていくことができます。それは物事の捉え方や思考だけでなく、具体的なアクションやアウトプットへと必ずつながっていきます。

感情とは、他者の存在や言動によって引き起こされていると思いがちです。でも実際は自分の価値観や観念に紐づいて内在しているもので、他者との関わりが「きっかけ」となって、さまざまな変化を起こしているに過ぎません。

あなたの感情は、あなたのもの。

きっかけは外的要因であったとしても、どのような感情を抱くかは自分自身が決めていると言っても過言ではないと、僕は思います。

少し話が脱線しますが、先に述べた意思決定や行動に伴う感情バイアスだけでなく、もう少し広い視点で物事を眺めた場合でも、感情の存在を無視することはできないと、僕は考えています。

つまり感情とは無関係に思える事象や情報であっても、**受け取る側は感情というフィルターを通して認知している**、ということです。

毎年話題になる「桜の開花宣言」は、お花見や宴会を楽しみにしている人にとっては「待ちに待った嬉しい情報」です。しかし、桜の咲く季節に大切な人との別れを経験した人にとっては、それを思い出してしまう「悲しい情報」かもしれません。

世界のあらゆるものは感情という
フィルターをとおして認知している

与えられた課題や要望に対して「そんなの無謀だ。リスクが高すぎる」と不安になる人もいれば、「これは面白い。難しいけれどワクワクする！」と挑む人もいます。

言い換えれば、**同じ世界でも、その人が持つ感情によって見え方が変わるということ。**

これが「感情を知っていると、幸福になれる」のヒントなのかもしれません。正直、僕もその域に達するにはまだまだですが（笑）。

いいことも悪いことも、それを決めているのは自分。

世界や情報に本来の色はありません。色を付けるのは自分自身であり、それは「感情」という絵の具によって彩られているのではないでしょうか。

POINT

感情の源泉は他者でなく自分
まずは内在する価値観に目を向ける

感情の認知がゆがむと、アウトプットもゆがむ

心理学者のダニエル・ゴールマン博士は、こころの知能指数を意味する「EQ（Emotional Intelligence Quotient）」の重要性を説いた著書『EQ　こころの知能指数』（講談社）の中で、次のように述べています。

〝こころの知能指数が高い人は、自分の能力をうまく発揮できる心の使い方を自覚している分だけ、人生における満足度や効率が高い。自分の感情をコントロールできない人は内面が混乱していて、仕事や思考に能力を集中することができない〟

こころの知能指数とは、感じる知性であり、「自分の本当の気持ちを自覚・尊重し

心から納得できる決断を下す能力」が含まれていると、ゴールマン博士は定義しています。

彼の著書が米国で刊行されたのは１９９５年のこと。当時、ＩＱ至上主義だけでなく日本の学歴や偏差値を重視する教育体制にも一石を投じる存在だったようですが、それから25年以上経った現代のほうが、こころの知能指数の重要性について疑問や異議を抱く人は少ないのではないかと感じています。ＩＴや科学の進歩により、現代は社会も情報も、ものすごいスピードで変容を続けています。そんな時代に、僕らはどのように生きていくことが幸せなのか。

また、神経科学の見地から情動（感情）の仕組みを紐解いた櫻井武博士の著書『「こころ」はいかにして生まれるのか』（講談社）でも、

〝いくつかの選択肢の中から何かを選ばなければならないとき、私たちは意志の力、論理的な判断で選んでいると信じている。しかし、そこに情動が介在しないということはありえない。もっと本能的なものが選ばせているのであり、実は理由はあとからつけたしているにすぎないことのほうが多いものだ〟

とされています。

僕たちが感情を持つ生物である以上、これは避けることのできないものだと思います。

だからこそ、日頃からどんな感情のフィルターを通しているのかを意識することが重要なのです。自分が自分をどのように認識しているかを、もうひとつ上の次元から客観的に捉える「メタ認知」のように、感情もメタ認知できるようになると、より理解が深まるのではと考えています。


社会をハードとたとえるなら、僕らを動かしている感情はソフトです。

正直なところ僕の感情に対する考察は、科学の見地からなる調査データやエビデンスがあるわけではなく、あくまで実感値によるものです。それでもスティーブ・ジョブズをはじめとする世界的なクリエイターが禅やマインドフルネスに関心を抱くことからしても、アウトプットに感情が影響しているのは論をまちません。

僕が本書と並行して執筆を進めていた『観察力の鍛え方』（ＳＢクリエイティブ）では、「クリエイターが何かを創作・習得したり変容したりするには、観察力を鍛えることが大切だ」と述べています。そしてこの観察を阻む要因として、「認知バイアス」「身体・感情」「コンテクスト」の3つを挙げています。

観察力と感情の関係については同書で詳しく言及しているので割愛しますが、観察力を鍛えるには、この3つの要因が存在することを理解したうえでインプットを補正していく必要があります。本書はこの3つの要因の中から「感情」に焦点を当て、より深掘りしているという位置づけで読み進めてもらえればと思います。

ただやっかいなのは、観察力を阻む感情そのものの認知にもバイアスは存在し、ゆがんでしまうという点です。感情の認知がゆがんでいれば、観察というインプットもゆがみます。当然、その先に生まれるアウトプットもゆがんでしまうでしょう。

こうしたスパイラルに陥らないために、僕は感情を正しく認知することで、質の良い観察力を磨いていきたいと考えました。

では僕が具体的に何を実践しているかというと、**「どんな感情もまずは受け入れ、長くとらわれ過ぎないよう、できるだけテンポよく手放していく」**ようにしています

（詳細は第3章で後述します）。

まずは沸き上がった感情を認知し受け入れたうえで自分なりのスイッチを用意し、「感情のフットワーク」を高めることを意識しているのです。

自分の感情を見極められると、次の行動を無理なく決めることができます。「感情をうまくコントロールする方法」よりも、「表層的な感情の先にある本質を理解し、正しく認知する方法」のほうが、自由に生きていけるし、より多くの世界を覗くことができるはずです。

ただし、**物事を精緻に伝えるには多くの語彙が必要となるように、感情をメタ認知するには、感情の種類や本質を知っていることが求められます。**

「喜び」とは何かを理解できていないと、自分の感情に当てはめることが難しいからです。また「喜び」という感情ひとつとってもさまざまな形が存在し、その基準も人によって異なります。そもそも、言語化されていない感情だって存在します。

辞書で「喜び」と調べただけでは、自分にとっての喜びが何かを理解することはできず、日頃から問いを立てていくしかないと思っています。

本書は、そんな僕自身が学んでいくための過程でもあります。

POINT

感情を正しく認知することでインプット・アウトプットの質が上がる

COLUMN

名前の知らない感情

石川善樹
YOSHIKI ISHIKAWA

「虹は何色あるのか？」

一見、自明に思えるこの問いも、実は文化によって回答が違うことが知られていま す。日本では7色が一般的ですが、アメリカは6色、ドイツは5色、そして台湾のブヌン族は「赤、黄、紫の3色」と回答するそうです。これは色に対する概念が異なり、その色を表現する言葉があるのか、ないかで、同じ虹を見ても知覚される「色の数」が変わってくるのです。

言うまでもなく、**人は概念を通して世界を知覚するので、逆に言えば概念にないことは知覚できません。**たとえば、日本には「わび・さび」という概念があります。それゆえ、古い石に生える苔を風雅なものとして知覚できますが、そのような概念をもたない人にとっては、苔はたんなる苔でしかなく、目にも留まらない可能性が高いのです。

ここで誤解を恐れず、強引に一般化すれば、もしかしたら次のような問いに対しても、同じような話が成り立つかもしれません。

「感情は何種類あるのか？」

もし「ヤバい」という概念しかないのであれば、沸き上がるいかなる感情も「ヤバい」としか知覚されないでしょう。それは極端にしても、「喜怒哀楽」の4つしかなければ、世の中にある感情は4種類しか知覚されない可能性もあります。

つまり感情に関する概念が豊かになればなるほど、知覚できる感情も豊かになる可能性があるのです。それはワインのソムリエがさまざまな香りを概念として蓄えているからこそ、ワインに潜む複雑な香りを知覚できるのに近い感覚です。たとえば、これまでは「嬉しい！」としか知覚できなかった事象があるとして、感情に関する概念が豊かになることで、嬉しさの中に「小さな不安と恐れが入り混じっている」といったような感情の味わい方ができるようになります。

ここまでくると私たちは、一つひとつの感情に良いも悪いもなく、それぞれ「役割」があるだけなのだと、高い解像度で感情を観察できるようになるでしょう。

最初は嫌なビールの苦みも、味わいに奥行きをもたらしていると知るように、どんな感情であってもそれは人生の奥行きにつながっているのだと、いつか思えるようになりたいものです。

第2章

感情の解像度を上げる

メタ認知に最適なプルチックの「感情の輪」

第1章では、「人は無自覚のうちに、さまざまな感情に影響を受けて生きている」ことを、僕なりの考察を交えて述べてきました。

第2章は、感情をもう少し具体的に分解し、掘り下げていきたいと思います。理解を深め、自身が持つ感情の「質」を高めていくことで、**振り回されずに生きるための思考が磨かれていくはずです。**

さっそくですが、あなたは「感情にはどのような種類があるか?」と聞かれたら、いくつの言葉を挙げられますか?

これまでに出てきた「怒り」「悲しみ」「喜び」「期待」なども含め、パッと頭に浮かんだものを挙げていこうとすると5つ程度、少し考えてみても10項目出せれば多いほうではないでしょうか。

それも当然で、僕たちは毎日、目覚めてから眠りにつくまで、次々と生まれては消えていく感情を「この感情は○○だ」といちいち言語化して認知しているわけではありません。「感情の種類」など知っていなくても、困ることはそうないと思います。他者との会話だって、感情のニュアンスを伝えることや質にこだわらなければ、「ウケる」「ヤバい」「エモい」「ぴえん」などの表現で成立させることだって可能です。

しかし、自分の感情を理解しようとするならば、ある程度の種類は知っておいたほうがいいし、思考を深めるための多様な視点も必要です。「悲しみ」の中には「悲嘆」や「哀愁」といったニュアンスの異なるものがありますが、それぞれの言葉と概念を知っているからこそ、区別をつけることができます。

そこで僕が活用しているのが、米国の心理学者、ロバート・プルチック博士が提唱した「感情の輪」です。

「感情の輪」は、8つの基本感情（一次感情）と、その基本感情のうちの2つが結びついて生まれる混合感情（二次感情）で構成されています。感情というあいまいな概念を、視覚的かつ体系化した状態で捉えることができるのが大きな特徴です。

「感情の輪」の主軸となる基本感情は、次のとおり。


【8つの基本感情】

喜び／信頼／恐れ／驚き／悲しみ／嫌悪／怒り／期待

花びらのように見える8つのブロックは、それぞれの基本感情の強さによって段階的に分かれています。中心に向かうほど強い感情となっており、「喜び」という一次感情がより強まると内側の「恍惚」に、弱まると外側の「平穏」といった具合です。

僕はこの「感情の輪」を、プロのマンガ家育成を目的とした講座『コルクラボマンガ専科』や新人マンガ家との打ち合わせなどで使用しており、いつでも確認できるよ

心理学者ロバート・プルチック博士が考案した「感情の輪」

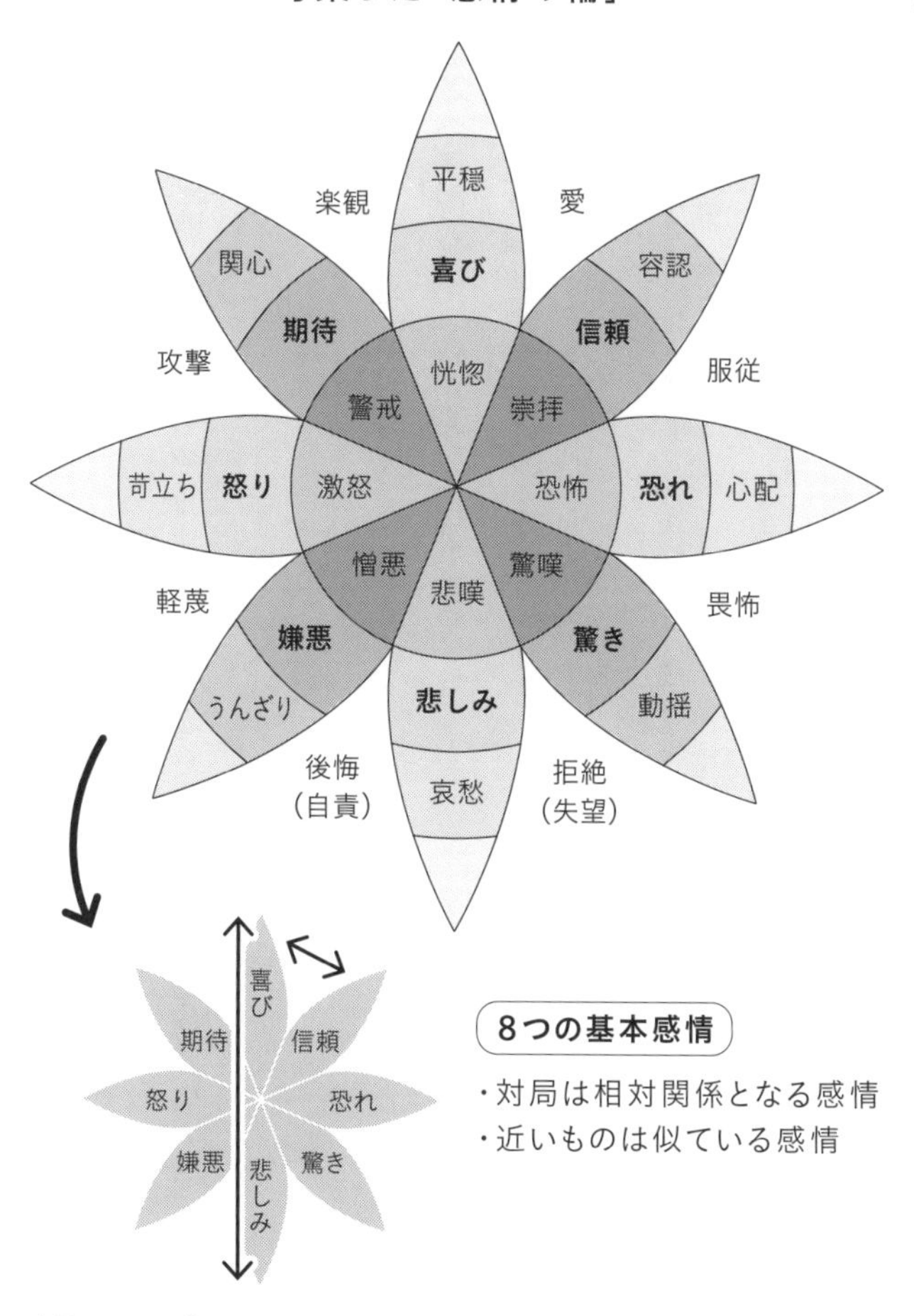

8つの基本感情

・対局は相対関係となる感情
・近いものは似ている感情

米国Webサイト「Plutchik's Wheel of Emotions - 2017 Update」をもとに図を作成

うにスマートフォンの待ち受け画面にも設定しています。ちょっとした空き時間を利用して感情について振り返ったり、理解を深めたりするのにとても役立っています。

たとえば作品の中で「怒り」を表現するとき、その怒りはどのくらいの「強さ」を持つのかによって、人物の表情や発する言葉はもちろん、前後の行動までも大きく変わってきます。

怒りと自覚するほど強い感情ではないけれど、内面に何かしらの不満やストレスを感じているのであれば「苛立ち」に近いでしょうし、湧き上がる怒りを抑えきれず、鼓動が高まるほどの激しい情動であれば「激怒」です。また感情の強さに明確な境界はなくグラデーションなので、「苛立ち」が蓄積することで少しずつ感情が強まり「怒り」に変化するなど、多様な見方をすることができます。

さらに、各ブロックの反対に位置する感情同士は相対的な関係とされていて、感情を理解するのにとても重要な組み合わせです。

感情には強弱があり、グラデーションでつながっている

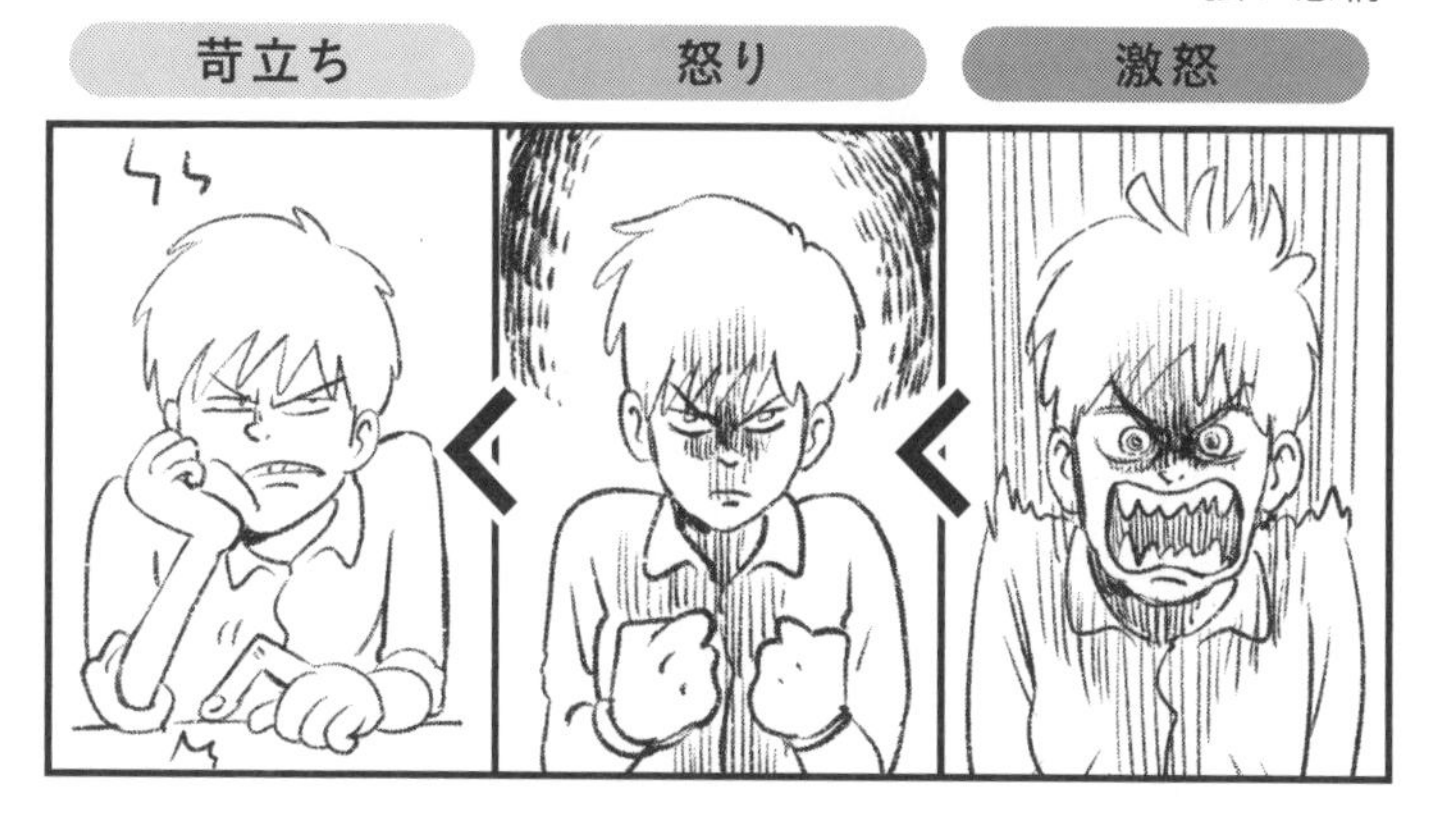

苛立ち＜怒り＜激怒のように
中心に向かうほど、感情は強くなる

【基本感情の相関性】

喜び⇕悲しみ

信頼⇕嫌悪

恐れ⇕怒り

驚き⇕期待

これをコンテンツに置き換えると、「喜び」を伝えるのであれば、「嬉しい」というシーンをいきなり描くよりも、相対感情の「悲しみ」を先に描いたほうが、感情の振り幅があるぶん、「大きな喜び」になります。「驚き」に関しても、事前に「期待」があり、それを裏切られたときのほうがより強い感情として伝わります。

必ずしも対義語になっているわけではありませんが、それぞれの相関性を意識しながら感情を俯瞰することで、より奥深い世界が広がっていくのです。

POINT

感情を視覚化することで関係性を理解しよう

基本感情の先にある、もうひとつの感情とは

8つの基本感情とその関係性を把握したところで、次は混合感情について考えていきたいと思います。

混合感情とは、2つの基本感情が結びつくことで生まれる感情です。その組み合わせには3つのパターンがあるのですが、まずは隣り合う基本感情を組み合わせた、8つを見ていきましょう。

【隣接する感情から生まれる、8つの混合感情】

喜び+信頼……愛

信頼+恐れ……服従

2つの基本感情が組み合わさると混合感情が生まれる

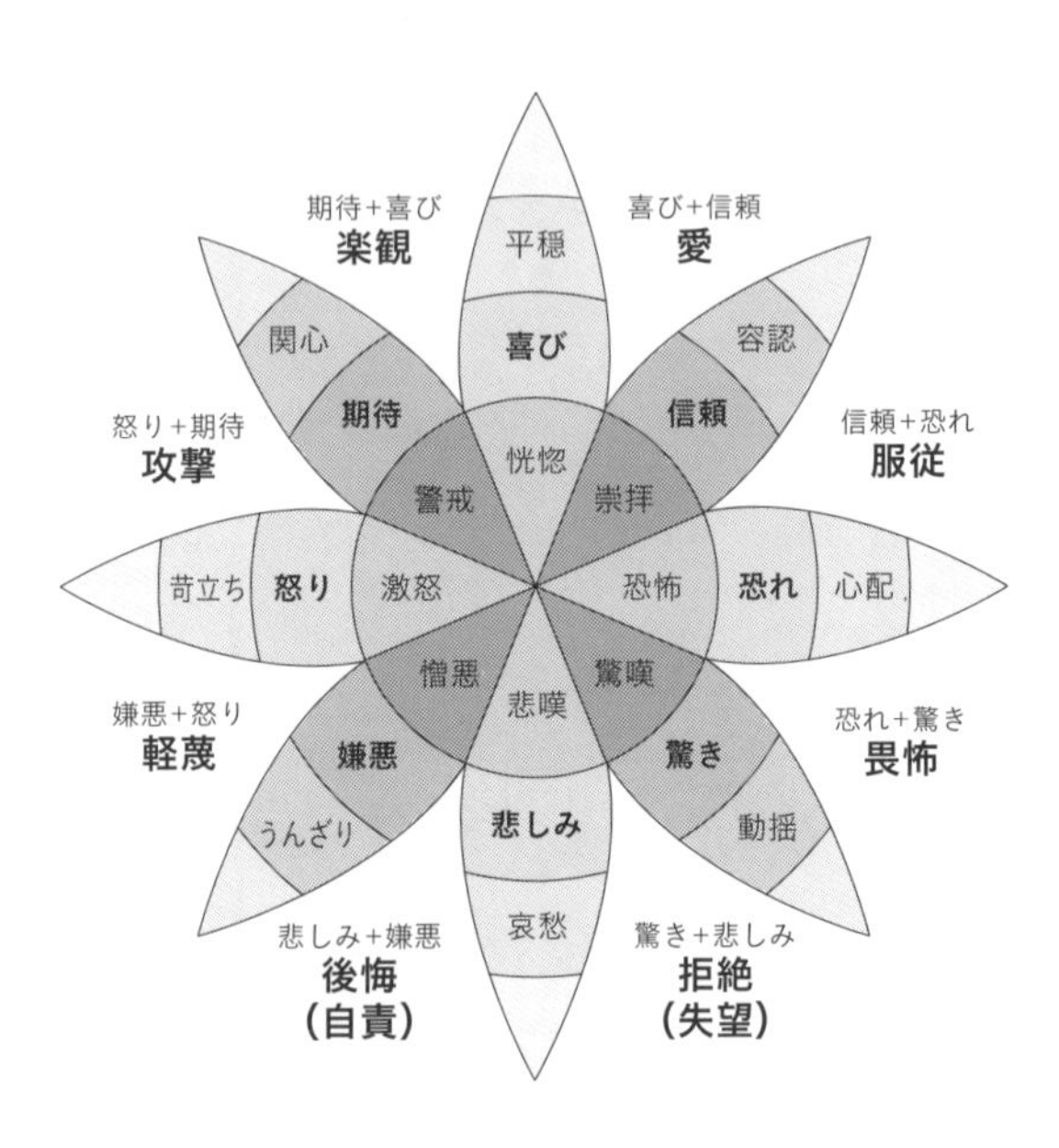

隣接からなる混合感情
喜び + 信頼 … **愛**
信頼 + 恐れ … **服従**
恐れ + 驚き … **畏怖**
驚き + 悲しみ … **拒絶(失望)**
悲しみ + 嫌悪 … **後悔(自責)**
嫌悪 + 怒り … **軽蔑**
怒り + 期待 … **攻撃**
期待 + 喜び … **楽観**

恐れ＋驚き……畏怖
驚き＋悲しみ……拒絶（失望）
悲しみ＋嫌悪……後悔（自責）
嫌悪＋怒り……軽蔑
怒り＋期待……攻撃
期待＋喜び……楽観

このように、「愛」という感情ひとつを例にしても、その背景には「喜び」や「信頼」といった基本感情が存在し作用していることがわかります。マンガ家との打ち合わせでは、「愛を描くなら、喜びと信頼の部分をしっかりと意識して、丁寧に描くようにしてみよう」「この人物が抱く後悔の背景にあるのは、何に対する嫌悪だと思う？」というように、混合感情を紐解いていきます。

続いて、残りの2つの組み合わせをまとめて紹介します。先述した混合感情は隣接する基本感情との組み合わせでしたが、こちらは「1つおきの組み合わせ」と「2つおきの組み合わせ」です。

1つおきの感情から生まれる混合感情

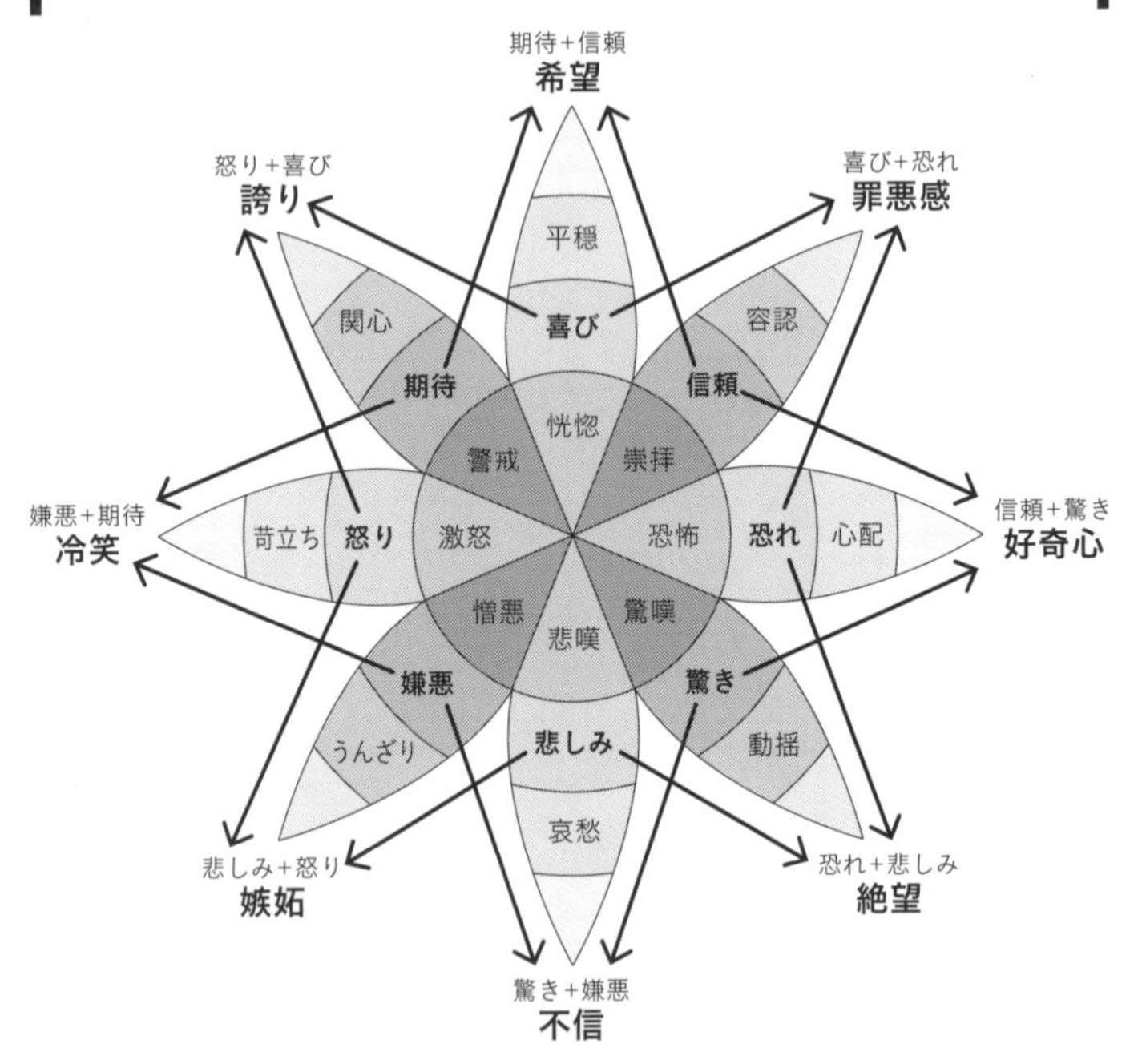

1つおきからなる混合感情
喜び + 恐れ … **罪悪感**
信頼 + 驚き … **好奇心**
恐れ + 悲しみ … **絶望**
驚き + 嫌悪 … **不信**
悲しみ + 怒り … **嫉妬**
嫌悪 + 期待 … **冷笑**
怒り + 喜び … **誇り**
期待 + 信頼 … **希望**

2つおきの感情から生まれる混合感情

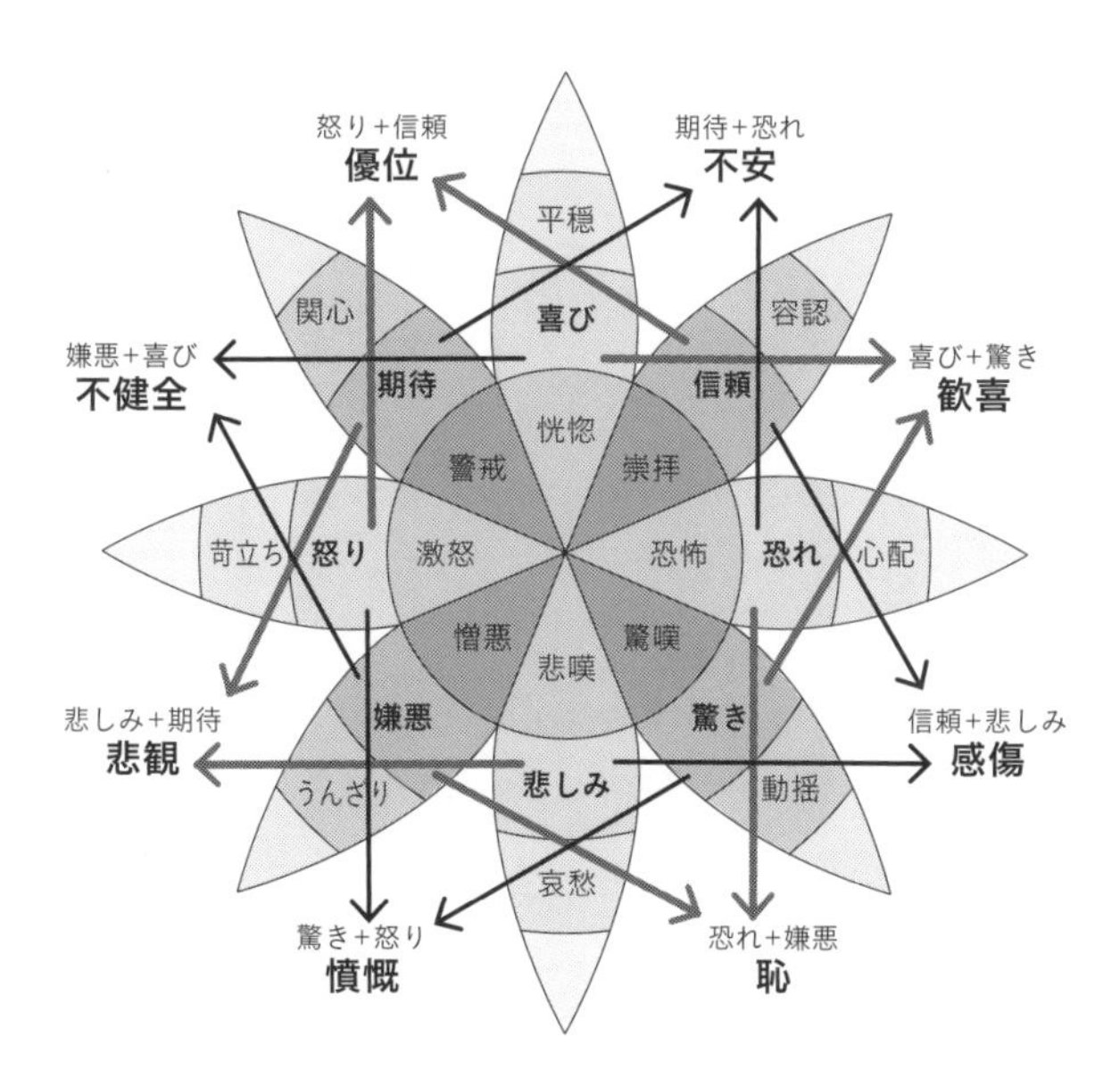

2つおきからなる混合感情
喜び + 驚き … **歓喜**
信頼 + 悲しみ … **感傷**
恐れ + 嫌悪 … **恥**
驚き + 怒り … **憤慨**
悲しみ + 期待 … **悲観**
嫌悪 + 喜び … **不健全**
怒り + 信頼 … **優位**
期待 + 恐れ … **不安**

「感情の輪」モデルは本来、英語で設計されているので日本語への置き換えが難しいニュアンスもありますが、この組み合わせや関係性には、感情を理解するための多くの示唆が含まれていると感じます。そもそもこれだけの感情の輪郭を、なんの手がかりもなしに捉えようとするのは簡単なことではありません。ひとつの感情を漠然として捉えるのではなく、複雑に絡み合っているいくつもの要素を言語化し、視覚的かつ体系的に俯瞰できるのが「感情の輪」の素晴らしい点だと思います。

僕は編集者としてコンテンツ制作に携わる中で「感情の輪」を用いることが多いですが、自分自身の「感情の振り返り」にも役立てています。

一日を振り返るタイミングでこの図を見ながら、「今日、一番強く印象に残った感情はどれだろうか？」を考えるのもいいですし、**嬉しいと感じたことがあったのなら、そこには「信頼」や「期待」、さらには別の要素が隠れていないかを自問してみるのも面白いと思います。**また これまで「怒り」だと思っていたものが、実は「不安」や「恐れ」、「苛立ち」に近い感情だったという発見もあるかもしれません。

感情を理解する旅に、正解やゴールはありません。だからこそ大切なのは、こうした思考のためのツールを上手に利用しながら、自身の感情と向き合う意識を持ち続けることだと思います。そうすればやがて、自分なりの「感情の方程式」が見えてくるのではないでしょうか。

POINT

感情の方程式には自分を知るためのヒントがある

感情を「波」として捉えると退屈も最高の時間に変わる

第1章の冒頭で僕は、5分前の感情の記憶について質問をしました。

今度は、自分の中で特に印象に残っている感情を思い浮かべてみてください。

それはどんな種類の感情で、どんなシーンに紐づくものですか？

怒りや悲しみ、喜びといった、感情が極まった瞬間を思い浮かべた人が多いのではないかと思います。


僕らは、具体的な「モノ／コト」については比較的容易に思い出せます。

たとえば瀬戸内海の直島に、旅行に行ったときのことを思い浮かべたとしましょう。泊まったホテル、食事、訪れた美術館などは細部まで思い出せるはずです。しかし、感情という抽象的で目に見えないものに関しては、「楽しかった」などの大雑把な言葉で括られてしまいます。そこには「感情が、場所や時間、体験した出来事によってどのように変化したのか」という視点はありません。飛行機の中での感情、フェリーに乗っているときの感情、美術館での感情、ホテルでの感情――こうした感情の変遷を、数年後にしっかりと思い出せる人は、ほとんどいないのです。

僕は**感情とは「点」ではなく、いくつもの感情がつながっている「波」である**と考えています。

感情という見えないものを振り返り観察する際、波だということを意識するだけで、記憶のしやすさは随分と変わってきます。感情を点として意識していると、どんどんと強い刺激を欲するようになり、感情の激しい浮き沈みを求めてしまいます。

しかし、強い刺激と幸せに関連性はありません。生死が直結している戦場は、刺激の強さとしては究極の存在ですが、幸せな記憶どころかトラウマになってしまう可能性のほうがはるかに高くなります。

そんな極端な例を持ち出されても……と思うかもしれませんが、強い刺激を求めることよりも、弱い感情の動きや、そこに存在する感情の波を感じ取ることのほうが難しいため、僕らはどうしても強い刺激に向かいがちです。

感情よりも、味覚で考えたほうがわかりやすいかもしれません。

ファーストフードやコンビニの食事を中心に食べ続けていると、徐々に塩分や油分の多い食を好むようになり、白いご飯だけだと物足りなく感じたり、野菜が淡白で物足りなく思えたりします。あらゆる食材に対して味が無いように感じて、何にでもマヨネーズや唐辛子をかけるような食べ方になってしまいます。刺激が強い味は、最終的にどれも似通ってきますが、少ない塩分の食事に慣れていると、感じられる味の種類が豊富になっていき、わずかな風味や違い、食材そのものの味にも気づくことができます。

感情も同じで、**より強い刺激を求めていると多様性が失われ、わかりやすく似たような感情ばかりになっていきます。**

「退屈」は、一般的に悪い感情だと思われており、エンターテインメントの世界においては「退屈＝コンテンツが悪い」とされてきました。

テレビではＣＭやザッピングがあるため、それに耐えて観てもらえるようにと刺激が強くなり、ＹｏｕＴｕｂｅでは、多くの視聴者が最初の30秒で離脱するかそのまま見続けるかを決めることから、サムネイルと30秒の中で、どのような内容かがわかるようにするのがよいとされます。ＴｉｋＴｏｋともなると、たった5秒で面白いかどうかをジャッジされてしまいます。

ＳＮＳがあらゆるコンテンツと出会うプラットフォームになり、「ファーストフードコンテンツ」という言葉が生まれ、瞬間的に消費されては消えていくコンテンツが量産されています。

僕自身も、この時代に生きて社会と接点を持ちながらコンテンツ制作をしているので、この流れを無視するつもりはありません。時代の流れを理解し、ビジネスを成立させることは重要だと思っています。しかし同時に、退屈さを感じたときに「悪いのはコンテンツなのか、それとも受け取り手なのか」という点は意識します。

コンテンツにおける退屈には、2つの種類があります。

ひとつは、刺激を強くしようとしているのに、今までの繰り返しになっていて刺激が弱いがゆえの退屈。

もうひとつは、感情の波がしっかりと描かれているのに、受け手がその波を感じ取れずに退屈と感じてしまう、受け手側に理由がある場合の退屈です。

退屈さを感じているとき、その場から離れたり、そのコンテンツを「ダメだ」と判断したりするのは簡単です。ですが、**「感情の波を感じ取れていない自分のセンサーを磨くいい機会だ」と捉えることもできるはずです。**

どうすれば、感情の波をより緻密に把握できるようになるのでしょうか。

そのヒントは、退屈の中にあります。

退屈を感じるためには、暇な時間が必要です。

実は弱い刺激も、そこに「時間制限」というスパイスを振りかけると、たちまち強い刺激へと変わります。多くの人が忙しさの中に身を置くのは、こうした刺激を無意識に味わっているからなのかもしれません。

僕自身も起業してからかなり長いあいだ、スケジュールを詰めて忙しくしていないと不安でした。それは忙しさによって刺激を味わい、さらに「自分は価値があることをしている」と錯覚できてしまうからだったと、最近は考えています。

資本主義の生活の中では、どのようなサービスも「どれだけ刺激的か／どれだけ効能があるか」を声高に宣伝しています。ですが刺激をお金との交換で手に入れていると、どこまでもきりがなく、いずれ虚しくなります。

「退屈の中に自ら入っていく。退屈な時間を過ごす」ということが、感情の波に気づけるようになるために、今の僕が思いつく唯一の方法です。僕は2021年に東京から福岡へと移住しましたが、主な理由は子どもたちに自然という壮大な退屈を味わって欲しかったからです。

自然は、わずかな時間を過ごすのであれば、その美しさを素晴らしいと思えます。しかし丸一日いるとなると、今度はすることがなくて困ってしまうのです。ただ「いる」ことができない。もしも自然の中に「いる」ことがうまくできるようになれば、自然だけでなく自分の感情も味わえるようになると、僕は考えています。

僕は『モーニング』というビジネスパーソン向けの青年誌ジャンルで、長く編集をしていました。世間の多くの人は、マンガといえば『ジャンプ』をはじめとした少年誌を思い浮かべるかと思います。

青年マンガと少年マンガでは、同じマンガでも目指す表現の方向性が大きく異なります。

少年マンガは、対象読者に小・中学生も含んでいるので、描かれる感情は一般的です。さまざまな人生経験をまだしていないので、離婚して独り身になりはじめて迎えた朝に、黙々と朝食を食べながら抱いている感情を描いても、興味は持ってもらえないでしょう。少年マンガでは「喜怒哀楽」の感情を中心にしつつ、キャラクターそのものを魅力的に描きます。人気マンガのキャラクターが泣いたり笑ったりしている顔が思い浮かぶかもしれませんが、それが少年マンガの魅力です。

一方、青年マンガは「新しい感情の波を発見する」ことが魅力です。僕たちが日々の中でなんとなくは感じているけれど、言語化できていない感情――。それを作品の中で見つける(疑似体験する)ことによって、今度は日常的にその感情を認識できるようになります。感情への解像度が、作品をとおして上がるのです。

マンガ『宇宙兄弟』で主人公の南波六太（ムッタ）が宇宙飛行士の選抜試験に合格したとき、このシーンは彼の感情のピークとして描かれてはいません。合格を知った瞬間の六太は、驚きと喜びが複雑に入り混じっていて実感できずにいたからです。その後、試験で苦楽を共にした仲間から祝福のメールが届き、六太はそこでやっと深い喜びを感じている様子が描かれています。

本当の「喜び」は、少し遅れてやってくる。

これは作者である小山宙哉が、喜びという感情を「波」として記憶していたからこそ描けたのだと思います。

感情を理解するには、まずはプルチックの「感情の輪」などを利用して視覚化し、種類を博するところからはじまりますが、最終的には**感情の波を記憶できるようにな**

ると、見える世界が変わってくると思います。

これまで「つまらない」と切り捨てていた出来事も、モノクロの世界が突然カラーになったかのように輝き、「退屈」は最高の時間になるのです。

POINT

わかりやすい刺激を求めるよりも心の機微や変遷を楽しめれば豊かに生きられる

「コト消費」とは感情に対価を払うこと

人は最期のときを迎える瞬間、これまでの人生が走馬灯のように巡るという話もありますが、あなたが死ぬ前に思い出すものは、何でしょう？

それは恋に落ちた瞬間かもしれないし、愛を感じた瞬間かもしれないし、わが子が生まれた瞬間かもしれません。しかしここで、人生でもっとも高い買い物をしたからといって、ローンを組んだマンションのことを思い出す人はいるでしょうか？　高価な時計や車、指輪のことを思い出す人がいるとも思えません。

よく言われる言葉ですが、墓場にお金は持って行けません。そもそも買った物を後生大事に記憶することもあまりないでしょう。

多くの人が思い出として脳裏に浮かべるのは、「感情が動いた瞬間」です。

僕たちは「自分の感情」が一番大切なものだと理解しながらも、日々の生活の中で最優先させることがなかなかできずにいます。

一方で、動物のほとんどは常に感情が優先です。人類もかつては感情を優先する原始的な生き方をしていた時代がありました。しかし文明が発達し、資本主義社会を突き進む中で、なぜか感情よりも「お金」のほうを優先するようになってしまいました。

たとえば会議の場で、自分の感情を基点として発言をすることに抵抗感を覚える人は多いと思います。ロジックや裏づけが求められるようなビジネスシーンでは、なおさらでしょう。

「仕事だから」

そう言われて自分の感情を押し殺したり、逆に相手に我慢してもらったりした経験もあるはずです。**僕はこの「仕事」という言葉には、感情を抑制する強烈な力があると感じています。**まるで「何よりも優先しなければならない」と思わせてしまう、魔法の言葉のようです。

これまでの資本主義社会では、効率の良さや高い生産性、合理性が重視されていたため、感情は持ち込まないほうが良いとされてきました。金銭に交換可能な物や行為に価値があるとされてきた時代です。

僕はこの価値観に今、変化が表れているように思います。意識的な行動習慣はなかなか変容しませんが、消費行動には無意識な願望が表れています。

「時代は、モノ消費からコト消費へ」

マーケティングにおいて耳にすることも多いこの言葉ですが、一般的にモノ消費とは「商品を所有することに価値を感じる消費」、コト消費は「商品やサービスの総合的な体験に価値を感じる消費」とされています。さらに近年では、より限定的な時間と空間でしか得られない体験に価値を見出す、「トキ消費」という言葉を使う人も出てきました。

これはシンプルに言ってしまうと、たとえ所有できなくても、感情が大きく動いたときにお金を使うことに、多くの人が満足するようになってきているのだと思いま

す。「感情」という、移ろいやすく、目に見える形で残すのが難しいものに対して価値を見出し、お金を使うようになってきたのです。

この100年は「スタンダードの時代」でした。世界各地で開催された万国博覧会では当時の最先端の生き方が提示され、それをスタンダードとして世界じゅうの人が目指しました。「スタンダードな生き方」として所有する価値があるもの、行く価値のある場所などがマスメディアによってわかりやすく提示され、人々はみなそれを欲しました。

現在、僕たちが生きている「ダイバーシティ・多様性の時代」とは、感情の時代でもあります。同じ出来事でも、人によって湧き上がる感情はさまざまです。自分の感情を認めること、他者の感情を受け入れることこそが多様性を認めることにつながります。**表面的な差異を受け入れるのではなく、感情の差異を受け入れるのです。**

僕がYouTubeで生配信をしていると、投げ銭をしてくれる人がいます。この投げ銭とは、何に対する支払いなのでしょうか。

支払いとは本来、交換のためのものでした。支払いを受け取る側は、その対価が何なのかを相手に示す必要があったのです。だからこそ、対価が明確で相手の役に立つものであればあるほど良いとされ、決められた金額の理由は、支払う人の「外側」に存在していました。

しかし投げ銭をするときの金額には「外側」に理由がありません。支払う本人の「心の内側」に理由があります。一万円の投げ銭をするとき、その人にとっての一万円ぶんの価値がなんなのかが、大きな意味を持ちます。ある人にとっては人生で一番の賞賛としての一万円ですし、別のある人にとっては挨拶としての一万円になります。

お金がデジタル化され、交換が容易になりハードルが下がったからこそ、感情が動いた瞬間に支払うことが可能な、投げ銭といったシステムが活発になってきました。すごく興奮した一時間後に、投げ銭をしようと思う人はいませんが、その瞬間であれば投げ銭すること自体がコミュニケーションにもなり、楽しみにもなります。

僕はコルクラボというオンラインサロンを運営していますが、オンラインサロンはよく、胡散臭いと批判されます。僕はこの要因として、対価が不明確だからだと考えています。「対価の理由を、お金を受け取る側が明示すべき」というスタンダードの時代の価値観の中にいると、オンラインサロンは、よくわからないものに感じるでしょう。

しかし、多様なコミュニケーションがとれて自分の感情が安定するサードプレイスとして、「心の内側」に理由や価値を見つけられると、オンラインサロンは不思議な場所ではなくなります。

多様性、投げ銭、オンラインサロンという、一見すると共通項がなく別々のものに見える現象は、すべて感情の時代になってきていることでつながっています。

そして「感情の時代」とは、コンテンツの時代であることを意味します。**コンテンツは必ずしも役に立つわけではありませんが、感情を動かす力を持っています。**音楽やダンス、絵画などは、短時間で感情を揺さぶります。一方、「ストーリー」はゆっくりとしか感情を動かしませんが、感情の波を作り出し、最終的にはより大きく感情を動かすことができると、僕は考えています。

ストーリーを創造するというのは、いくつものエピソードをただ組み合わせるのではなく、それを読んだ人がまるで実際に自分が体験したかのように感情が揺さぶられる世界を設計する行為です。

だからこそ僕は、これまで以上に作家の価値が高まっていくと思いながら、コルクというクリエイターのエージェント会社を経営しているのです。

POINT

価値観が多様化した時代だからこそ
コンテンツには感情を揺り動かす力が必要

COLUMN

許す力で、一瞬で感情をリセットする

石川善樹
YOSHIKI ISHIKAWA

「もうパパと遊んであげないから!」

そうやって当時5歳の息子から怒られたのを、今でも昨日のことのように思い出します。もともと私の仕事は出張が多く、家を留守にすることも多かったのですが、新型コロナウイルスの感染拡大に伴い在宅時間が増えていきました。すると、たまに会う息子は可愛いだけでしたが、四六時中ともに過ごすようになるとケンカすることもしばしば。

ある日、重要なリモート会議に出席していると、息子が「パパ、遊ぼー!」と執拗に邪魔をしてきました。最初はなんとかいなしていましたが、ついに「あっちに行ってくれ!」と、ドアにカギを閉めて部屋から追い出しました。

断絶され、廊下で泣き叫ぶ息子。

心を痛めながらなんとか会議を終え、いの一番に息子に会いに行こうとすると、「もうパパと遊んであげないから！」と怒り心頭のご様子。それもそうだと、自分の至らなさに反省していると、ものの5分もしないうちに「パパ、遊ぼー！」と、無邪気な笑顔で近寄ってくる息子。

「なんて許す力がすごいんだ！」

感動しました。私の場合、いったん感情がねじれると、元に戻すにはどえらい時間がかかります。実際、ささいなことで妻とケンカをすると、お互い少なくとも数日間は気まずい思いをして過ごすことになります。

ところが、息子にかぎらず子どもを見ていると、とにかく感情の切り替えが早い。ケンカやいざこざが起きても、すぐに笑顔で遊びはじめるのです。繰り返しますが、「許す力」がすごいのです。

許す対象が、相手なのか、あるいは自分なのかはわかりませんが、**感情がこじれたときに速攻で「許す」ことを決める。**すると自分があれほど意地になって抱えていた感情からふっと離れ、客観的に自分の感情を認知できるようになるのかもしれません。

私の息子の場合、パパは憎むべき対象ではなく、一緒に遊びたい対象なのであって、そこがブレないからこそ至らない私を「さっと許して」、相手に謝罪を要求することもなく、「パパ、遊ぼー!」とご機嫌になれるのでしょう。

第3章

感情を正しく認知する

アウトプットの質を高める【認知／受容／選択】のサイクル

僕にとって感情への理解を深めることはライフワークでもあり、その根底には「観察力を磨き、インプットの質を高め、さらに質の高いアウトプットへとつなげる」という意識が働いています。とはいえ誇れるほどの域に達しているとはとても言えず、探究と考察を続けているわけですが、そんな中でも特に意識しているのが、**「ひとつの感情に長くとらわれない」**という点です。これはネガティブ感情にかぎらず、ポジティブ感情においても同様に考えています。

第1章でも述べたように、僕たちは日々、感情というフィルターをとおして世界とつながっていて、まったく同じ事象でもフィルターとなる感情の種類が異なるだけで見え方が変わってきます。「悲しみ」に長くとらわれていると思考そのものが悲観的になるように、特定の感情に固執するということは、世界の見え方や情報の受け止め方といったインプットに偏りが起こる可能性があるということ。結果としてアウトプットにもゆがみが生じます。

ではどうすれば、僕たちはひとつの感情にとらわれずに生きていけるのでしょうか。僕が実践しているのは、3つの思考ステップを踏みながら回していく、感情の理解を深めるサイクルです。

ステップ1【認知】……自分がどのような感情を抱いているのかを、分解・認識する
ステップ2【受容】……認知の過程で見えてきた感情を受け入れる
ステップ3【選択】……そのうえで、どのような選択肢があるかを考え、採用する

中でも僕は【認知】がとても重要だと感じていて、**感情を理解するには「認知」がすべてと言っても過言ではありません。**本書でこれまで述べてきたことは、ほとんどがこの部分に該当します。日常の中で見過ごしがちな無自覚の感情やバイアス、クセを理解し、いかにして自分をメタ認知できるかに尽きると思います。

「自分は今、何を感じているのか？　それはどんな感情か？」

すべてはこの問いからはじまりますが、認知とは表層的感情の自覚はもちろん、それを掘り下げて分解していくことで、奥に隠れている別の感情や自分の価値観を認知するという意味も含まれています。「感情の解像度を上げる」作業なので、簡単なようで実はかなり難しく、僕もいまだ試行錯誤しながら糸口を探っています。

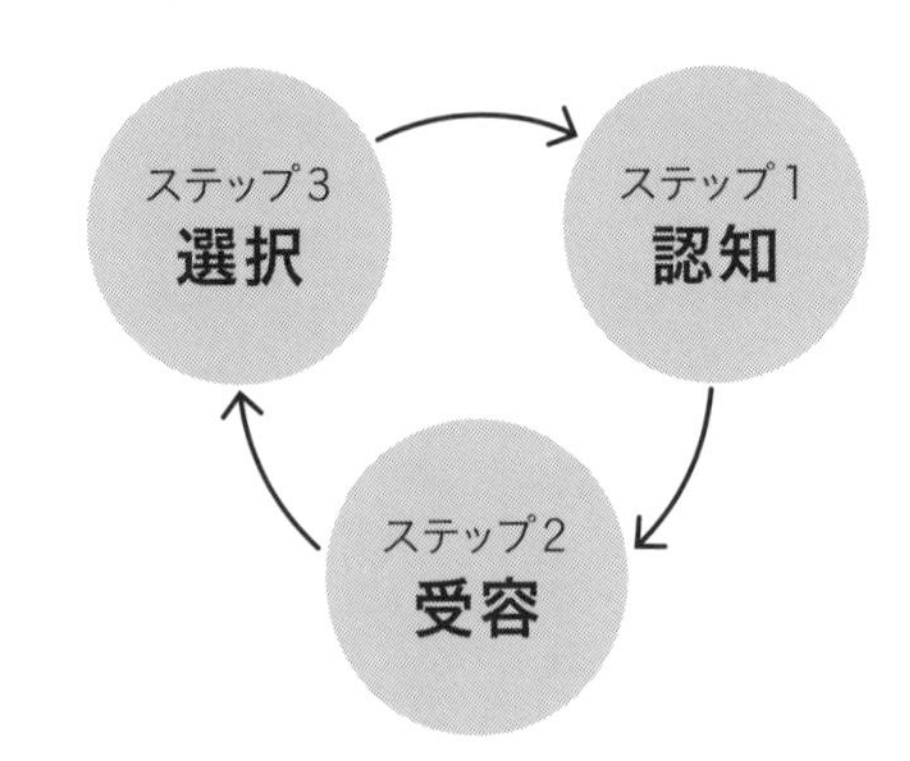

まず僕がプルチックの「感情の輪」を利用して認知を行うときは、自覚している感情だけでなく、その両側と対極にある感情にも注目します。基本感情の組み合わせから生まれる混合感情との関係性からもわかるように、ひとつの感情がそれだけでシンプルに成り立っているはずはない、と考えているからです。

たとえば職場の上司から「そんなやり方をしていると成功しないよ」と指摘されたことに「怒り」を感じたのであれば、「怒り」と両隣にある「期待」や「嫌悪」、対極の「恐れ」までも視野に入れて、次のような問いを立ててみます。

- 自分は相手に**何を「期待」**していたのか
- 自分は**何に対して「嫌悪」**しているのか
- 自分は**何を「恐れて」**いるのか

こうした一つひとつの問いに思考を巡らせて仮説を立てていきます。その結果、自分の中に「成功できない人」と評価されることへの「不安」や「恐れ」があり、それが「怒り」へとつながっていたことに気づくかもしれません。

僕の場合、多くは「期待」の影響を受けていて、それが他者の行動によって「怒り」に変わっただけなのだという認識を持つようになりました。これにより、「相手が悪い」や「相手が変わらないと問題は解決しない」という**思考停止の状態から、自分自身の問題として考え直せるようになり、思考がほぐれていったのです。**

具体的なシーンに置き換えると、イベントの準備をしていて、事前に頼んでおいたものが、当日用意されていなかったとします。そのことを担当者に指摘したものの対応してもらえず、怒りを感じながらも諦めることに……。ここで「担当者の能力に問題がある／相手のミスだ」で終わらせるのは簡単ですが、見方を変えれば、「勝手に期待をしておいて、それに応えてもらえなかったから怒っている」とも言えるでしょう。僕は、期待とはある意味で「他者を都合よく動かそうとする、自分への甘え」だと思っています。自分に対する甘えを排除していくと、自分がやるべきこと・できることも明確になってきます。「相手に期待しない」と言うとまるで人を信じていないように聞こえますが、「信頼」と「期待」は別の感情です。

このようなシチュエーションに遭遇した場合、かつての僕は相手を責めるのではなく、どんな点に期待していたのかを伝えるようにしていました。今ではさらに認知そのものが変わり、「相手がちゃんと用意してくれるように、うまく頼める自分」に対して期待をしています。もしもそれができなかった場合でも、期待に応えられなかったのは相手ではなく僕自身なので、自分事として解決方法を模索することが自然とできるようになりました。

さらに別の視点から考えるならば、そもそも感じていたのは「怒り」ではなく、用意されていないことへの「驚き」と、要望を汲んでもらえない「悲しみ」から生まれた混合感情の「拒絶（失望）」である可能性も出てきます。

ちなみに「怒り」と「期待」の関係性は、恋愛でもトラブルのきっかけになりがちですね。自分が望んでいる行動を相手がしてくれるはず、察してくれるはずと期待しつつ、それが叶わなかったときに不機嫌になり、相手を責めてしまう……。**「期待」と「怒り」が結びつくと「攻撃」になるので、相手に感情をぶつけやすい心理**になっているとも言えそうです。もしあなたがパートナーから責められたのなら「自分に何を期待していたのだろう」と観察してみると、解決の糸口が見えるかもしれません。

このように【認知】は、さまざまな視点からアプローチを試みることが大切です。入口は「怒り」でも、その背景にある「期待」の存在に気づき、さらに解像度を上げていくことで「期待とは、自分に対する甘えではないか?」「他者ではなく自分に期待すると何ができるか?」という新たな問いや視点が生まれます。ただこれはあくまで暫定解であり、問いに向き合うことでまた別の気づきがあるかもしれません。

まずは自覚しやすい基本感情を足掛かりにして、そこに紐づいている別の感情を丁寧に探っていくうちに、これまで表層化することのなかった感情や価値観を認知できるようになると思います。

POINT

**認知とは、表層的な感情だけでなく
そこに紐づく別の感情や価値観を理解すること**

【認知】の精度を上げていくには感情の振り返りを習慣にしよう

感情をメタ認知するには、プルチックの「感情の輪」のように客観的な視点を取り入れやすくするツールの活用やアプローチが有効です。第1章でも「周囲からフィードバックしてもらう」や「感情の振り返りを行う」などとして軽く触れてはいますが、ここではもう少し具体例を挙げていきたいと思います。

僕は自分の中で、どのような感情がどう動き、どう変化しているのかという「感情の波」を客観視するために、出席したビデオ会議の様子を録画しておき、それを観ながら感情の振り返りを行っています。最近は打ち合わせやマンガ家との定例会のほとんどをオンラインで行っているので、機会に困ることはありません。

動画による振り返りのメリットは、相手と話している自分の様子が可視化されているうえに、「他者」の視点を持ちやすいこと。自分が周囲からどう見えているか、話し方や表情、動作がどのような印象を与え、感情を生み出しているのかをダイレクトに把握できます。

ここで僕が注視しているポイントは、「自分が認識している感情の記憶と、実際の動画から感じ取れる感情の動きが、どうずれているか」です。**「ずれていないか」ではなく「ずれている」を前提とするのが大切で、その差異はどこにあるのかまで理解することが、メタ認知だと考えています。**

自分の中では刺激的なアイデアや意見が飛び交い、ワクワクする会議だったと認識していたのに、実際の映像からは「苛立ち」や「不安」を感じるシーンがあったり、その逆のパターンもあったりします。また感情は単調ではなく、ほんの数時間のあいだでも変化していることも観察できます。こうした分析をもとに「もし過去の自分と話せるのなら、どんなアドバイスをする?」という問いを立てるのです。

正直なところ、自分が話している動画を観るのは恥ずかしくもありますが、あくまで「一人の人物」として客観的な視点で臨むようにしていると、恥ずかしさも軽減されていくような気がしています。

また、一日の終わりに行っている感情の振り返りには、音声メディアVoicyを活用し、話をしながら思考を整理しています。時間にしてだいたい5～6分、長いときで10分程度。その際に僕が行っている大まかな思考の流れを書き出してみました。

①その日にあった出来事を話す。事実と主観（解釈）を混同して話しがちなので、ここではまず事実だけに絞り込む
②そこで湧き上がった感情を、3つほど挙げる。できるかぎり、自分の中にある見逃しがちな「弱い感情」に目を向ける
③それぞれの感情と向き合い、なぜその感情を抱いたのか、気づいたこと、仮説や問いなどを立てて思考を深めていく

僕はこの振り返りをVoicyで公開しているため音声録音というスタイルをとっていますが、日記のように書きながら振り返るのでもよいと思います。

感情の振り返りは、内容を綺麗にまとめようとしたり、「こうあるべき」「こうありたい」などのバイアスにとらわれたりせず、**感じたこと・気づいたことをまずはフラットに吐き出す**ようにしています。そこで出た仮説をもとに、また考察のサイクルを回すことが大切だと考えています。

こうした振り返りは、日々のコミュニケーションや実体験によって湧き上がる感情の認知を促すことが可能です。

それとは別に、自身の感情のクセや傾向を知るためのアプローチとして、僕はアセスメントを利用することがあります。

一般的には「感情リテラシー」と表現されることもありますが、自分の現在のEQ（感情知能）スキルを測る方法の一例として、僕が感情における「無知の知」を実感したEQアセスメントツールを紹介しておきます。

シックスセカンズジャパン社が提供する『Sixseconds Emotional Intelligence』リーダーシップレポートでは、診断テストを受けた対象者のプロファイルをレポートとしてまとめてくれます。僕が受けたのはセルフ・リーダーシップ開発を支援するアセスメントなのですが、その結果は衝撃的なものでした。

実のところ、僕は感情の重要性について考えるようになって以来、自分なりに多少は理解が進んだつもりでいたのです。ところがEQアセスメントを受けてみたところ僕のプロファイルは想像以上に低く、アセスメント項目の多くが、慣れた状況ならば能力を発揮できる「機能レベル」で、「共感力の活用」に至っては5段階でもっとも低い「未開発レベル」だったのです。そこには、「リーダーシップ発揮には障害が生じるレベルです。個人的にもプロフェッショナルとしても自己変革への挑戦が必要でしょう」とまで書かれていました。

思わず自分に対して「こんなに感情への理解を深めようとしているのに、全然ダメじゃん！」と突っ込みたくなる気持ちです。

次ページのチャートは、僕のEQに関する全体傾向です。

評価の項目が「知る／選ぶ／活かす」となっていますが、先述した感情の「認知／

受容／選択」という思考サイクルと重なる側面があるのは、とても興味深い点です。

・知る「自覚」……自分が感じている、行っていることを明確に認識する

・選ぶ「意図」……自分が意図する行動を実践する

・活かす「目的」……自身が定めた理由をもって行動する

100ページで紹介しているSEIプロファイルは、3つの探究領域をさらに細分化した項目ごとに分析が行われています。

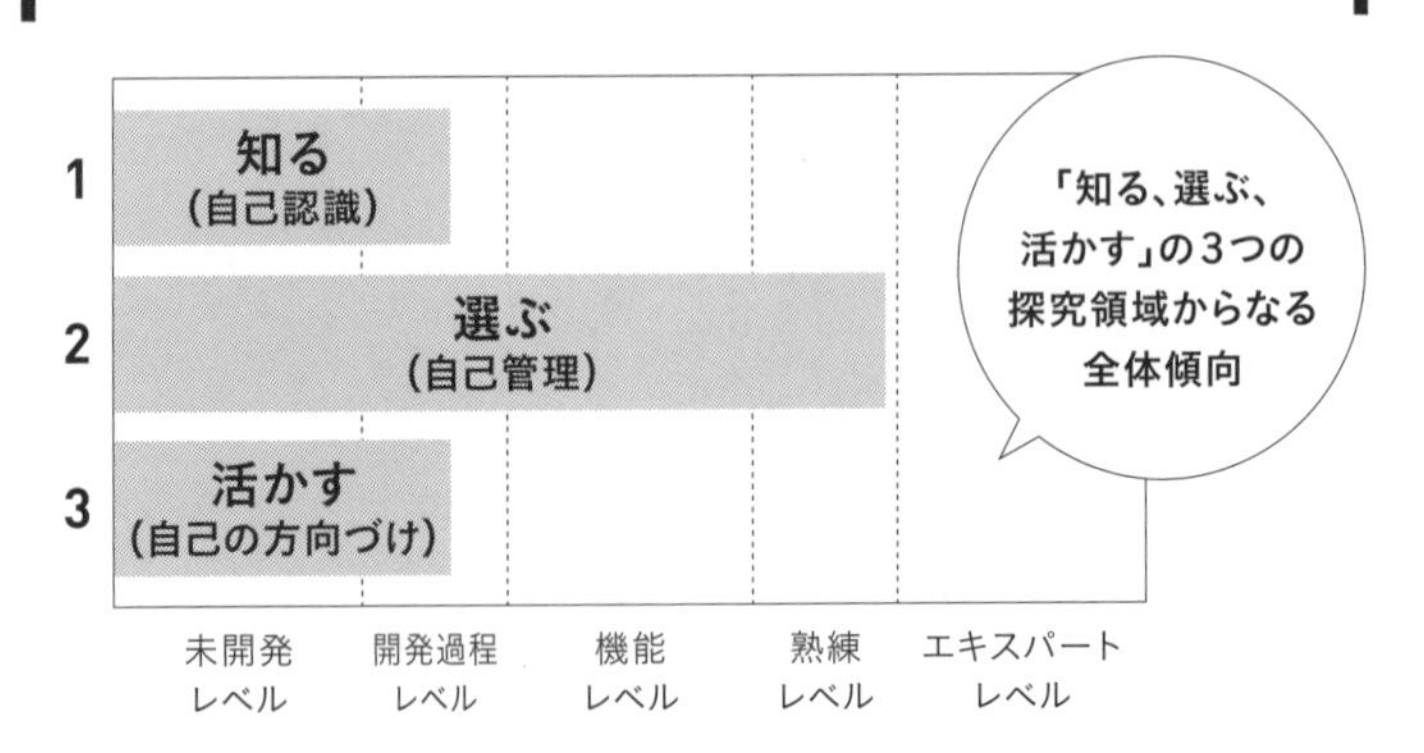

※シックスセカンズジャパン(https://6seconds.co.jp/)
佐渡島氏の「SEIリーダーシップレポート」をもとに図を作成

【知る】（1）感情リテラシー（2）自己パターンの認識
【選ぶ】（1）結果を見すえた思考（2）感情のナビゲート（3）内発的なモチベーション（4）楽観性の発揮
【活かす】（1）共感力の活用（2）ノーブルゴールの追求

このレポートは、僕自身が想定していた感情の理解度と、アセスメントから導き出された感情リテラシーとの大きなズレを知るきっかけとなりました。
ただ、課題となりそうな「共感力の活用」に関しては、内省してみると僕自身の「誰かに共感してもらうことを目的にしない」「他人の気持ちを、本人とまったく同じように完璧に理解することはできない」といった価値観が強く影響しているのかもしれないと感じています。

コーチングスキルの高い人や魅力的なリーダーは、自身の感情も他者の感情も同じように尊重し、柔軟かつ繊細に受け止めることができているように思います。僕はま

SEIプロファイルでは、
3つの探究領域をさらに細分化して分析する

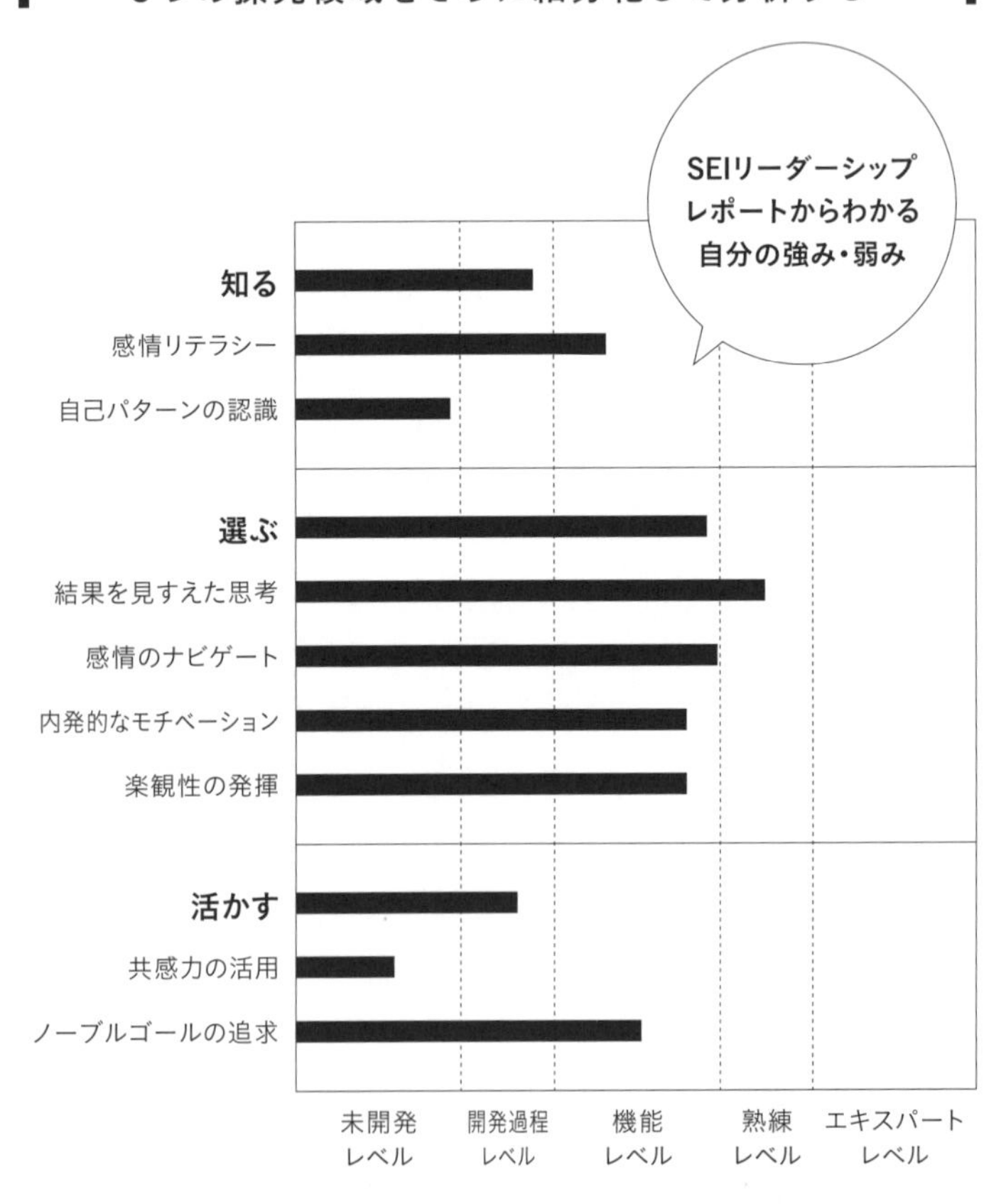

※シックスセカンズジャパン(https://6seconds.co.jp/)
佐渡島氏の「SEIリーダーシップレポート」をもとに図を作成

だまだ未熟ではありますが、こうした自分を知るためのメタ認知の方法は、僕に新たな視点を生み出してくれるのです。

POINT

**感情の可視化やアセスメントを活用し
さまざまなアプローチから新しい視点を持とう**

自分を変容させるには、まず感情を【受容】することから

感情のサイクルにおけるステップ2の【受容】とは、その言葉どおり、掘り下げた感情や解釈を自分自身が納得して受け入れることです。認知するのと同時に受容しているケースも多々あるので、僕の中で明確な線引きはあえて設けていません。認知の過程で感情に対する解像度が上がり、それが受容に変わっていくのだと思います。

それでもあえて分けているのは、「道徳的な観点では持たないほうがよいとされている感情」や「自分が認めたくない／避けたい感情」が存在するからです。

ネガティブ感情はその傾向が強く、**「嫌悪」や「嫉妬」「不安」「憎しみ」などを認めて受け入れるのは、なかなか勇気がいるものです。**認知さえできれば受容もしやす

いポジティブ感情に比べ、認知そのものをしたくないし、受容もしたくないというバイアスが働いているのではと感じます。

ですが、「嫉妬するなんてみっともない」という道徳的観念があっても、嫉妬してしまうのが人間ではないでしょうか。それを認めず無理矢理に抑え込んだり、相手を攻撃するなどの別の形で解消しようとしたりすることのほうが、よほど不自然に思えます。

プルチックの「感情の輪」でも、8つの基本感情のうち4つは、一般的にネガティブとされる属性です。この4つを無視することは、人間の感情をすごくゆがんだ箱に

8つの基本感情のうち4つはネガティブ感情

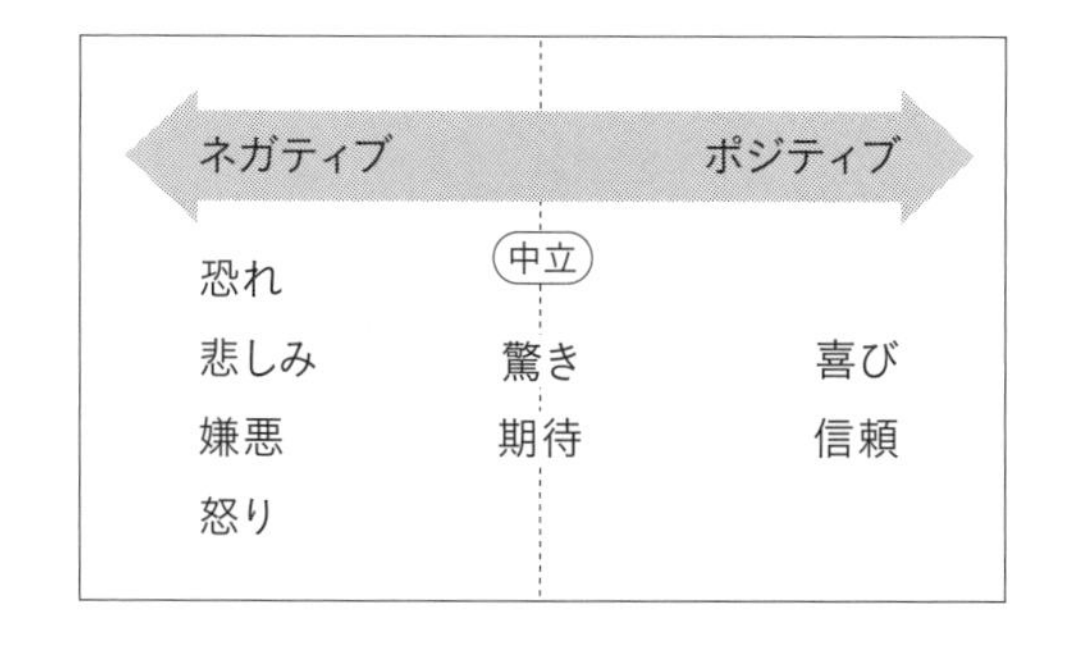

入れることになってしまうと思うのです。

やや特殊なケースですが、子どもに悪影響を及ぼす、いわゆる「毒親」との関係においても、「自分の親を憎むなんて一般的に許されないことだ」「親を嫌いと感じてしまうなんて、自分はひどい人間だ」という固定観念によって、長いあいだ苦しむ人もいると聞きます。

僕は**「すべての感情には意味と価値があり、持ってはいけない感情などない」**と考えています。

どんなにネガティブな気持ちであっても、それを認知・受容しなければ、行動や変化を起こすことはできません。僕にとって大切なのは、**ネガティブ感情を持たないことではなく、認知・受容したうえで自分をどう変容させていくか、だからです。**

そのため受容は「どんなにつらくても受容しなければならない」といった強迫観念に近いものではなく、「ネガティブ感情を抱くのは悪いことではない」というマインドセットが前提だと思います。前者の場合すぐに切り替えられるものでもないので、少しずつ受け止め方を変えていく工夫が必要です。「嫉妬している自分を認めるのが嫌だ」と抵抗を感じるのであれば、「自分が何に嫉妬しているのかを知る良いチャンスだ」と、思考のフローを変えてみることをおすすめします。**「自分は今、嫉妬している。これは興味深い」とニュートラルに捉えることができたなら、そのあとに続く選択肢は増えていくはず。**「嫉妬」という感情をないものにし、それでも割り切れずに悶々と感情を引きずる日々を過ごすよりは、よほど健康的でパフォーマンスの高い方法だと思います。

もうひとつ、僕自身が参考になったのは『教えないスキル　ビジャレアルに学ぶ7つの人材育成術』（小学館新書）の著者であり、かつてスペインの男子サッカー・ナショナルリーグで監督を務めた佐伯夕利子さんの「もう一人の自分に問いかける」という手法です。

育成に定評のあるサッカークラブ・ビジャレアルでは、育成改革が行われた際に、佐伯さんら指導者たちがコーチングを学ぶディスカッションの機会が定期的に設けられるようになりました。佐伯さんはそこで、コーチングスタッフからの質問に何を答えても、その内容に関係なく徹底して「OK。ではもう一人のあなたは、なんて言っているの？」と聞かれたと言います。そうやって何度も繰り返し自分の感情に向き合い、少しずつ本音を表現することができるようになるのだそうです。

僕は佐伯さんから定期的にコーチングを受けており、コルクスタジオのマンガ家たちもその振り返りのミーティングに同席することがあります。ある日、ディスカッションの中で「同期のマンガ家の作品が周囲から高く評価されたとき、自分の中に生まれた複雑な感情とどう対峙するか」という話題が出ました。日頃から共に切磋琢磨している仲間に嫉妬したことを認知・受容できず、相手の作品さえも避けてしまう事態をどう感じるか、というテーマです。

佐伯さんがそこで自身の経験として語ってくれたのが、先ほどの**「もう一人の自分はなんと言っている？」という、自身の認めたくない感情や本音を引き出すための問いかけでした。**

僕はマンガ家や作家、彼らと伴走する編集者は、あらゆる感情を味わいつくす職業だと考えています。自分自身の「嫉妬」に向き合えなければ、作品の中で「嫉妬」をリアルに描くことはできません。だから僕は、新人マンガ家に「ちゃんと嫉妬にも向き合おうよ」とは伝えますが、「嫉妬なんてしていたらダメだよ」とは絶対に言いません。

他者への賞賛や評価に対して「嫉妬」や「悔しさ」を抱くことは、誰にでも経験があると思います。いくつもの文学賞を受賞した大御所と呼ばれる作家でさえ、若手の作品や評価に嫉妬し苦悩することだってあるのです。

それでも僕は、この人間らしい感情を受容して味わい、理解を深めようとする人と語り合う時間を、とても豊かで有意義なものに感じています。

POINT

「すべての感情に価値がある」という意識を持てばどんな感情も受け入れられるようになる

感情のどの部分に注目するかで自分が求める【選択】が見えてくる

【認知・受容】の先にあるのが、「では、自分はどうしていきたいのか？」を模索・追求する【選択】です。これは物理的な行動（アクション）というよりは、**「感情のどの部分に注目するか」**という糸口から、いくつかの選択肢を導き出す行為に近いと思います。

善樹から教えてもらった「感情の特徴」は、まさにその「注目する部分」のヒントになっています。

不安……「わからないこと」に対して注意が向く
恐怖……「手に負えないもの」に注意が向く

悲しみ……「無いこと」に注意が向く
怒り……「大切なものがおびやかされること」に注意が向く
喜び……「獲得したこと」に注意が向く
安らぎ……「満たされていること」に注意が向く

※参考：鈴木伸一（２０１６）不安症をどのように凌ぐか 不安の医学 第23回都民講演会

それぞれの感情にはこうした傾向があり、**「自分は今、何に注意が向いている状態なのか？」**を把握することが選択肢へとつながります。

たとえば僕が「嫉妬」という感情を受容し向き合うときは、まず「何に対して注意が向いているか」を思いつくかぎり浮かべてみます。

- **自分が持っていないものに対して注意が向いている**
- **自分がやりたいことを、相手が先に実現していることに注意が向いている**
- **相手の評価が不当に高いことに注意が向いている**

・自分が評価の不当に低いことに注意が向いている
・相手と自分を比較されていることに注意が向いている
・自分の居場所が奪われることに注意が向いている

ざっと書き出しただけですが、あくまで僕の仮説なので、人によっては違う項目が出てくるかもしれません。思いつかなければ辞書で「嫉妬」を調べ、その定義から何に注目するかのヒントを得るのも良いと思います。

ここまで認知ができていれば、自分がやりたいことや求めている在り方、そのための選択肢もおのずと見えてくるはずです。

嫉妬する相手の存在は、実はそれほど関係がなく、自分への正当な評価や報酬を求めているのだという点に気づくかもしれませんし、「自分は、相手のように行動できているだろうか？　そもそも本当に同じ生き方を望んでいるだろうか？　そのためのリスクや覚悟はあるだろうか？」などの疑問も浮かんでくるかもしれません。具体的なアクションとしても、イメージできると思います。

・**正当な評価をもらえるための環境を整える**
・**自分がどう評価されるべきか、思っていることを伝える**
・**嫉妬した相手がやっていて、自分がまだやっていないことに挑戦する**
・**嫉妬した相手と、いっそ仲良くなってみる**

これ以外にも選択肢は数多くあるはずですが、大切なのは**「他者に意識を向けるのではなく、自分にできることを探す」**ということです。

また具体的なアクションの派生として、**「感情を言葉にして誰かに伝える」**という方法もあります。

「どうやら私は、あなたに嫉妬しています」

本人にかぎらず第三者でもよいと思いますが、そう発信できるのは受容できているからこそ。自分の感情を伝えることで、実は相手も同じように嫉妬に苦しんでいたり、思ってもみなかった感情と向き合っていたりする経験を打ち明けてくれるかもしれません。環境や価値観の異なる視点からの意見は、新たな選択肢を生む機会にもなるでしょう。

ここで興味深いのは、嫉妬のようなネガティブ感情でも、受容したうえでオープンにすると、相手とのコミュニケーションを深めるという選択肢になりうる点です。

実は僕自身も、作家に対して「その才能が羨ましい」と伝えることがあります。このとき僕にとって「羨ましい」という感情を伝える行為は、相手への尊敬や賞賛に近い褒め言葉であり、むしろポジティブな意味を持っています。ですがもし受容できずにいたら「相手に伝える」という選択肢も出てこず、ネガティブ感情として内心でくすぶり続けていたでしょう。

【選択】にはセオリーや絶対解がありません。具体的なアクションにつながるともかぎらず、「視点」や「感情の捉え方」そのものが選択肢になる場合もあります。結局は注目するポイントを模索し、考え続けていくしかないのですが、たとえそのどれを選んだとしても、間違いなく前進はしているはずです。

POINT

どんな選択肢も間違いではない
絶対解ではなく、納得解を見つけていく

あいまいで未知。だから感情の探求は面白い!

感情への「無知」に気づき、感情の「解像度」を高める術を探り、模索しながらも感情と「生きる」ことを楽しむ——。

ここまで述べてきたことは、僕が実際に辿ってきた、感情への思考を深める経緯を言語化したようなものかもしれません。ですがこれは、僕一人では到底辿れなかった過程です。

僕が感情と向き合うようになったとき、まず疑問に思ったのは、「怒りという感情ひとつを取り上げてみても、僕を含めいったいどれだけの人が概念をちゃんと理解できているのだろう?」ということでした。感情をテーマにした多くの書籍や情報は、感情をマネジメントしたりコントロールしたりするためのものだったからです。

そこで、善樹とコルク所属のマンガ家・羽賀翔一を交えて、定期的に感情についての理解を深める機会を設けるようにしました。感情の種類をひとつ決めて、枠にとらわれず自由な視点から考察していったのです。

「恥」という感情であれば、「恥とは何か？」「それはどんな心理か？」「どんなときに恥ずかしいのか？」といった具合に問いを立てていきます。

その解釈は千差万別で、自分にとっての恥の観念が他者と異なることは当然です。だからこそ定義するのが難しいわけですが、この試みは大変面白く、多くの気づきを得た充実したものでした。

僕らがそんなふうに感情をなんとか言語化・定義できないかと奮闘している傍らで、若い世代の人たちは、「エモい」や「ぴえん」「マジ卍」「神」といった、定義など最初から無視した感情表現を生み出し、自由に使いこなしていきます。あえてあいまいなままの感情を共有することを楽しむ感性は、素直に面白いなと思います。思えば昔も「MK5（マジでキレる5秒前）」や「ヤバい」など使っていたわけで、今にはじまったことではなく、時代の中で常に繰り返されているものなのかもしれません。

概念も定義もあいまいで、実態がなく、けれども僕らのあらゆる活動に多大な影響を与える感情。その感情を少しでも深く理解しようとする本書は、けっこうエモいんじゃないかなと、僕は感じています（笑）。

もうひとつ、この鼎談によって改めて実感したのは「感情に関する実体験や観念を、誰かと話すことの大切さ」です。

そもそも僕たちは、**子どもの頃からさまざまなシーンで「感情を抑えること」を教えられてきました。**道徳的な観点では必要かもしれませんが、感情を抑える術を身につける過程で、「感情を表現すること」や「自分の気持ちを話すこと」にも抵抗感を抱くようになってしまったのではないかと考えています。

僕は、マンガ家や作家との打ち合わせではまず、クリエイター自身の感情について知ろうとします。もし物語の中で「嫉妬」がテーマだったのなら、本人がどのようなときに嫉妬するのかを聞いていきます。そこからさらに「それはどんな嫉妬でしたか？」「殺したいほどですか？　消えてほしいと思いましたか？」などと、踏み込んだ質問を投げることもあります。

自分の感情をさらけ出すのは強い精神力が伴うので、日頃から感情と向き合っているクリエイターであっても簡単な作業ではありません。なかなか本音を話してくれない場合は、僕が嫉妬したエピソードをできるかぎり話します（余談ですが、あらゆる感情に対して自分の経験談を話せることは、編集者に必要なスキルのひとつだと思います）。

すると徐々に「いやあ、佐渡島さんにもそんなことがあったんですね……」という空気になり、お互いが感情について本音で語り合うことでヒントが生まれ、「それですよ！　その感情を物語の中で伝えていきましょう！」といった、創作のアイデアが広がっていくようになります。

これは組織の在り方としても同じで、コルクスタジオにかぎらず、どんなチームに対しても「特定の感情を見せてはいけない」と思うような組織にはしたくないと思っています。嫉妬でも怒りでも、**全部の感情を出し合い語り合える、心理的安全性が保たれた場にすることが僕の目標です。**

もちろんそのためには、僕自身が率先して変化していかなければなりません。感情をただ相手にぶつけるだけでは他者をコントロールしようとする行為ですが、**「なぜその感情を抱いたのか」を丁寧に伝えることは、実はとても大事なことなのかもしれないと考えるようになりました。**

「感情的に伝える」と「感情を伝える」の違いをしっかりと認識したうえで、たとえそれがネガティブな感情だったとしても認知・受容し、改めてミーティングで「なぜ僕があのとき怒っていたのか。何に対して怒っていたのか」をテーマにメンバーで話し合う、というコミュニケーションの試みを続けています。

コルクスタジオのメンバーの中には、自身の感情を話すことに対して、少しずつ肯定的に捉えられるようになった人もいます。彼らがこの経験をどのように創作に活かしていくのか、どんな形で作品に表れてくるのかを楽しみにしながら、僕も共に成長していくつもりです。

「作家やマンガ家、編集者とは、あらゆる感情を味わい尽くす職業」

僕の日常はこの視点によって形づくられています。思うようにいかないこともありますが、**多くの人が経験したことがあるはずなのに認知できていない感情を、瑞々しく言語化する才能に触れたとき、僕の心は震えます。**

コルクがエージェントを務める芥川賞作家・平野啓一郎は、僕にとってまさにそうした感情を描けるクリエイターの一人です。

平野さんは、小説『ある男』では「愛に過去は必要なのか」を問い、『本心』では「最愛の人の他者性」をテーマに、中年男性が母親を亡くした際に抱く感情と心理を、緻密さと繊細さをもって描いています。僕にとって平野さんとの打ち合わせで交わす言葉ひとつでさえ、未知の感情を探る刺激的なものとなっています。そして読者には、作品の中で僕と同じように「はじめての感情」を体感してもらえるよう願いながら、創作に携わっています。

さて、僕の一人称による感情論考は、ここでいったん終わりです。

次章からは、善樹と羽賀君との鼎談形式で感情について考えていきます。時系列で言うと1〜3章の執筆よりも先に行っていたもので、僕の感情論考もこの鼎談の影響を多大に受けています。

あらかじめ伝えておくと、絶対解も気の利いたオチもありません。そもそも、答えを出そうとしていません。ゴールを設定せず、ひとつの感情について自由な視点でアプローチしながら理解を深めていくことを目的としています。おそらく僕たちの考察も、今後さらに変わっていくでしょう。

ただ、善樹や僕の思考の過程が、わかりやすく明示されているとは思います。もしかすると、あなたにとって感情を理解するヒントが見つかるかもしれません。僕たちの問いはあなたへの問いでもあり、そこから新しい仮説を生み出すことができるはずです。

受け止め方は人それぞれでいいですし、あなただったらどう考えるかという視点で読んでもらえればと思います。

POINT

感情のあいまいさを受け入れると
味わうことが楽しくなる

COLUMN

ダメな日も、まるっと肯定

石川善樹
YOSHIKI ISHIKAWA

「あー、今日も楽しかった!」

にわかには信じられないかもしれませんが、私の父は仕事から帰宅すると、「今日はどうだった?」と尋ねる母に、必ずこう答えていました。そればかりか、父が「疲れた」ともらすのを一度も聞いたことがありません。

するとどうなるでしょうか。

幼心に「仕事というのは、とんでもなく楽しいことらしい」と思うようになりました。

しかし冷静に考えると、そんなはずはありません。父だって、つらいこと、疲れることがあったはずです。あえて「楽しかった」と口に出すことで、「今日はいろんなことがあったけれども、総じて楽しかった」と、自らの生き方を子どもに伝えようとしていたのではないか。

実際に父に確認してみたら「その通りだ」と言っていました(笑)。


言うまでもなく、その時々に体感する「感情」は変えることができません。ですが、その感情をどのように認知するのかという「考え方」は、あとからいくらでも変えることができます。

つまり、私にとって**「感情と生きる」とは、その時々に味わったいろいろな感情を「総じて楽しかったな!」と、あとから認知することのような気がしています。**とはいえ、心意気はあるものの、なかなかそうは認知できないことも多いのが現状です。どれほど心がけてもミスは起こるし、何気ない一言で人を傷つけてしまうことがあります。

そんなとき私は、

「こんなしょうもない自分と、これからも一生付き合っていかないといけないなんて、絶望的すぎる……」

と認知して、よく途方にくれています。今後も私がミスを起こさなくなることは考えにくいし、言葉が足りないのは直ることがなさそうです。だとすると**認知のほうを変えるしかありません。**

個人的な話になりますが、私は昔から「好きに逃げない」「得意に逃げない」ことをモットーとしてきました。もちろん、好きで得意なことをすれば、楽しいでしょう。でも、嫌いなことや苦手なことに挑み、それすら楽しめるようになったら、人生どれだけ楽しいんだろうか、という壮大な実験をしているようなものです。まだまだ、そんな高邁な境地には至っていませんが、いろんな感情と仲良くなって、「総じて今日も楽しかったな」と思えるようにこれからも努力したいと思っています。

第4章

感情を語り、思考を深める

ネガティブ感情編

恥

僕たち、「恥」の意味も知らずに
恥ずかしがっていました

感情についての理解を深めていくため、石川善樹と羽賀翔一、僕の3人ではじめた「感情談義」。毎回、ひとつの感情にテーマを絞って考察していくのですが、いざやってみると思った以上に奥深い世界で、話せば話すほど「問い」は広がり、新たな気づきも生まれました。今では僕らのライフワークになりつつあるやりとりを、ここからは鼎談形式で紹介していきます。

「恥」とは、人が持ちうる高級な感情

佐渡島　僕がこのメンバーで「感情」について考えてみようと思ったのは、そもそも善樹の言葉がきっかけなんだよね。善樹は日頃からよく、**「感情というものを知ると、人は幸せになる」**と言っているじゃない?

石　川　そう。感情って、すぐに脳を乗っ取るから。それなのに我々は、感情に対してあまりに無頓着すぎるのではないかと。

佐渡島　確かに、日常のあらゆる場面や行動において感情は介在しているのに、感情そのものについて深く考えることってほとんどないな。「自分は今、喜

びという感情を抱いている」とか、「この気持ちは喜びなのだろうか？」なんて、いちいち思わないし。

でも自分の感情を正しく認知できると、他人の言動にも左右されなくなるだろうし、気持ちが不安定なせいでパフォーマンスが落ちることはないから、仕事での結果も出やすくなるだろうね。

石川　ハーバード大学では、感情と意思決定の研究に使用されている「感情のチェックリスト」というものがあって、ネガティブ感情とポジティブ感情がそれぞれ6つ、12種類に分類されている。

ネガティブ感情　怒り／イライラ／悲しみ／恥／罪／不安・恐怖

ポジティブ感情　幸せ／誇り／安心／感謝／希望／驚き

一般的に「幸せ」というと、「いかにしてネガティブ感情を無くし、ポジティブ感情を増やせるか」だと捉えられがちでしょう？　でも僕は、**ポジティブ感情だけに執着せず、ネガティブ感情を上手に受け入れることのほ**

うが、幸せにつながるのではないかと考えたんだ。
とはいえ自分は基本的にごきげんモードの人間なので、あまりネガティブ感情を感じることがない。だから、意識的にネガティブ感情を感じてみる必要があるなと。

佐渡島 では「どのネガティブ感情がよいだろうか？」と考えたときに、人間以外の動物にもネガティブ感情はあるわけで、たとえば「怒り」とか「悲しみ」とかだね。猿だって、自分の子どもを失うと一晩じゅう泣くし。

石　川 「嫉妬」もあると思う。猫や犬も、飼い主が別のコを可愛がると嫉妬したりするから。

佐渡島 でしょ。その中で、**「罪」とか「恥」は、人間だからこそ持ちうる、きわめて高級なネガティブ感情ではないだろうかと。** まさにアダムとイブだよ。だから、「とにかくこの2つを感じまくるようにしよう」というのが、最近の僕の大いなるテーマ。
じゃあ、今回はその「恥」という感情について考えてみよう。
思い出したんだけど、平野啓一郎さんの小説『ドーン』（講談社）では、まさにこの「罪と恥」が描かれていたなあ。ネタバレしないように話すと、主人公の明日人（あすと）は宇宙飛行士で、人類初の有人火星探査に参加したものの、あるミッションを成功させることができなかったの。でもその理由が明日人にとっては恥と感じるものだから、なかなか告白することができずにいる。

ここで面白いのは、**罪って告白することによって英雄になれる可能性があるけれど、恥は告白しても英雄にはなれない。**

石川　「なぜ恥の告白は、罪の告白より難しいのか」というのが、ひとつの大きな文学的テーマになっていると感じた作品だね。

佐渡島　なるほど。確かに、罪に対しては懺悔するとか、言ってしまったほうが楽になるという考え方がある。

石川　恥は言っても、あまり楽にならないよね。

羽賀君の作品『漫画　君たちはどう生きるか』（マガジンハウス）で、主人公のコペル君は友達がいじめられているのを目撃したのにもかかわらず、助けることなく見捨ててしまい恥を感じていたよね、きっと。

羽賀　あのときのコペルは、「死んでしまいたい」と思うくらい、自分に失望していますね。

石川　それは罪の感情なの？　それとも恥？

羽賀　うーん……。罪かもしれない。

佐渡島　そうなんだ。羽賀君の考え方だと、**「自分に失望する」のは、恥ではなく罪の感情によるもの**というニュアンスになるな。

石川　以前読んだ本には、「西洋は罪の文化／日本は恥の文化」ということが書かれていた気がする。でも罪と恥って、似ているようで何か違うよね？　恥とは何かを知るためにも、まずは自分が恥ずかしいと感じた体験を話してもいい？

僕が最近恥ずかしいと感じたのは、買い物をしていたとき。研究室に向かう途中、コンビニでミルクティーに入れる牛乳を買ったのだけれど、ふと疑問が湧いたの。「ちょっと待てよ。自分は40年近い人生で膨大な量の消費をしてきたにもかかわらず、〝消費とは何か〟を考えたことがあっただろうか？」と。その瞬間、「消費とは何かを考えもせずに消費している自分」が、めちゃくちゃ恥ずかしくなった。もうね、その場で「うわあああああ!」って(笑)。

佐渡島　自分を恥じているってことか。羽賀君の恥ずかしい経験は?

羽　賀　最近ではないですけど、数年前に佐渡島さんが焼き肉をご馳走してくれたとき、人前で号泣してしまったのは恥ずかしかったですね。

そのときは僕以外に、コルクのインターン初日の学生がいて。焼き肉を食べながら、佐渡島さんから「どんな作品を描きたいの?」とか「これからどうしていきたいの?」とか聞かれているうちに、自分のたまっていた感情が爆発しちゃったんです。インターンの子がいる前で、嗚咽(おえつ)するくらい泣いてしまって。

佐渡島　羽賀君のあまりの号泣っぷりに、インターンの存在が影も形もなくなっちゃうというね(笑)。

羽　賀　むしろ、「こいつどうした!?」みたいな目で見られていましたよ。しかも、帰り道がその学生と一緒だったんです。僕はマンガ家として「どんなに思い悩んでも、それを表では見せたくない」という気持ちがあったから、本当に恥ずかしかったですね。今思い返しても恥ずかしい……。

佐渡島　僕からすると、それは「気まずい」という印象なんだけど、羽賀君にとって「気まずい」と「恥ずかしい」は一緒の感情なの？

石　川　……なんだか、考えだしたらわかんなくなってきた。わりと難しいね、これ。

感情の受け取り方や定義って、人によってこんなにも違うんだ。

羽賀君の号泣の要因には「不安」もあったのだろうけれど、それを人に見られたら、「恥」に変わってしまう。

佐渡島　感情を言語化しようとすると、意外とあいまいになるね。

自分と他者、人はどちらに「恥」を感じるのか？

石　川　そういう意味では、漢字ってよくできていると思う。「耳」に「心」があると書いて「恥」でしょ。だから、耳が赤くなるような感情が恥なんじゃない？　僕、コンビニの一件では本当に耳が赤くなったもん。

でもさ、羽賀君が言っていた**「自分はこうありたい、というイメージとの**

差を他人に見られる」ことが恥だとすると、それを恥だと感じない佐渡島君は、ずっと素の等身大で生きているということかもね。

佐渡島　なるほど！　それいいヒントだよ。善樹は誰に対して恥ずかしい？

石　川　自分だね。人って、抽象度が高い人もいれば、具体的に考えるのが好きな人もいる。抽象的なことが好きな人って、抽象的なことを抽象的なまま処理できるの。哲学者とか、まさにそれだと思う。

佐渡島　僕も具体的な言動より事象への本質的な理解度に対してのほうが、すごく恥ずかしい。「自分はそんなことさえも、わかっていなかったのか！」という気持ちになる。

羽　賀　僕はどちらかというと他者に対して恥を感じるほうで、しかも世間一般の、不特定な他者のイメージですね。たとえば、電車のドア付近に立っていて、ドアが開いたときに誰かが降りると思ってホームによけたら誰も降りなかった、みたいな。「恥ずかしい！」と思いながら、また乗ります。

石　川　じゃあ、ホームで乗ろうとした電車のドアが目の前で閉まってしまったときに、その場で立ち尽くす人と恥ずかしそうに立ち去る人、どっちのタイプ？

羽賀 急に歩き出すタイプです。できるだけ周囲の目から離れたい。

佐渡島 善樹はそういうの、気にならないでしょ？

石川 ならない。もうね、「威風堂々とはこのことなり！」というくらい、ドーンと立っているよね（笑）。

そういえば先日、ヒートテックタイツの上にズボンを履くのを忘れて家を出ちゃってさ。しばらくのあいだ、ステテコみたいなヒートテックだけで歩いていたの（笑）。それに気づいたとき笑っちゃって。でも恥ずかしさを感じるより、人に「いやあ、実は今日さ〜」って話したくなる気持ちのほうが強かった。

佐渡島 羽賀君、しゃべれないでしょ、そういうの。

羽賀 絶対にしゃべれないですね。そのまま帰って自宅で作業します（笑）。

佐渡島 **羽賀君にとっての「恥」は他人の目があってこそで、善樹にとっての「恥」は、自分に向けての情けなさなんだね。**僕は、善樹の「恥」の感覚にかなり近い。

石川　人の目は本当、気にならないんだよね……。

羽賀　僕、ティッシュ配りも恥ずかしくて無理です。無視されたときのリアクションが、いちいち心に突き刺さるので。

石川　そうなんだ!?　僕は学生時代、ティッシュ配りのバイトをしていた友人の手伝いを、ボランティアでしたことあるよ。「暇だから俺もまぜてくれ!」って。そのときは、「どうやれば受け取ってもらえる確率を上げられるか?」というゲーム的な感覚になった。

……それにしても思わぬことができないんだね、羽賀君は(笑)。

佐渡島　羽賀君はマンガ家を目指す前、教員になることも考えていたんでしょう?

羽賀　それがですね、教育実習のときに、緊張と恥ずかしさでじっとしていられなくて、ぐるぐる動き回っちゃうんですよ。指導官からも「落ち着きがない」と言われるくらい。

授業の終わりに生徒へのアンケートがあって、それを読むのもしんどかったですね。「先生の声は、ずっと聞いていると眠くなります」とか書かれて。「そんなの直しようがないじゃん!」と思って、教員にはなりませんでした。

石川　そこは直せるでしょう！（笑）

佐渡島　自分の姿を写真とか雑誌で見るのはどう？　僕は、自分の録音した声を聞くのも恥ずかしい。羽賀君、恥ずかしがるくせに自分を見るのは大丈夫だよね。出演したテレビ番組とか。

羽賀　見ます。

石川　いや無理無理無理無理〜!!　普段、鏡とかも見ない。たぶん、**「人からどう見られているか」より、「自分というものを見る」ことのほうが恥ずかしいのだろうなあ。**

僕、たまにクイズ番組に出させていただくことがあるのだけれど、オンエアを見たことがない。……というか出演した番組自体、まだ一度も見たことがない。

佐渡島　なんで出演を承諾したの？（笑）

石川　クイズって、簡単だと思えるような基本的なことが、意外にわからなかったりするから。あと、間違えたときに自分はどんな感情になるのかに興味があって。

佐渡島　僕も日常で何かを間違えること自体は恥ずかしくないけれど、「クイズ番組ともなると、間違えるのを恥ずかしがるかもしれない」と思う自分は恥ずかしい。意味わかる？（笑）　そういう場で気取るかもしれないと思うと、なかなか行けないというのはあるなあ。

高校時代、テニス部に所属していて団体戦の主将を務めたことがあるのね。で、自分がゲームに負けるとその団体戦での負けが決まる試合で、プレーしながら「これは負ける……」と思いはじめていたのだけれど、「なんかここ、足が滑るな～」みたいなアクションを、随所に盛り込んだりして（笑）。負けたときの言い訳をいっぱい用意して負けたの。あの晩は、そんな自分が恥ずかしいという思いで眠れなかった。

タイプが違うと、わかり合えない「恥」がある!?

石　川　ここまで話してみて感じるのは、「感情を考察する」って、感情の辞書を作ろうとしているようなものだね。ほんと難しい。

さまざまな感情の事例から解釈を狭めていって理解しようとしているわけだからね。でも、**考えれば考えるほど「問い」のほうが増えていって、とてもじゃないけれど答えを出す段階に至ってないと思う。**

佐渡島　このテーマ、むしろ「逆にわからなくなった」で終わるかもしれない（笑）。

それでもいいと思うよ。「感情」を意識することが大切で、答えなんて永遠に出ないと思う。……が、今さらだけどグーグルで「恥」を調べてみた。

石　川　**【恥】**

1　世の人に対し面目・名誉を失うこと。

2　恥ずべき事柄を恥ずかしいと思う人間らしい心。「──を知れ」

（出典：Oxford Languages）

……こうして普通に書いてあるけど、「面目」と「名誉」って、全然違うじゃん！　この2つの差って大きいよ？

でもまあ我々は一応、一番目の定義にはたどり着いていたということだね。「2」はすごいな〜。「恥ずべき事柄を恥ずかしいと思う人間らしい心」って？

佐渡島 恥ずかしがらないと人間じゃない、みたいな（笑）。ということは、羽賀君のように恥ずかしがる人たちは、善樹や僕みたいに鈍感で恥ずかしがらないやつのことを、人間らしくないと思っていることになるの？「自分たちのほうが繊細よ！」みたいな感じになりやすいのかな？

羽　賀 いやいや（笑）。

石　川 この定義でいうと、我々はもはや人間ではないな（笑）。この**「恥ずべき事柄」が自分にとってなんなのかは、感情を日頃から観察していないとわからないだろうね。**僕らだって、今日やっと「ああ、これって恥ずかしかったんだ」と思えたくらいで。

お、検索していたらこんなのも出た。「欠点、または罪の意識から生ずる苦しい感情」「不名誉な状態、もしくは自尊心の喪失」だって。

佐渡島 誰かの自尊心を奪うということ？　それとも、自尊心がなくなっているということかな……。何かに失敗して自己肯定感が下がっている人は、周りの目を気にする傾向があるのかもしれない。
そもそも、「何を恥と感じるか」については、国や育った環境、自分たちに植え付けられている文化・習慣にも関係するよね。たとえば公共の場で、男女問わずハグやキスで挨拶をすることをごく自然な慣習とする文化もあれば、それを恥ずかしいと感じる人や文化もある。
だから、常識的であろうとすることをやめると、恥も感じなくなるんじゃないかな。

石川　**常識と照らし合わせて、そこから外れるようなことが恥ずかしいと思うのは、羽賀君タイプ。自分にとってよいと思っているものから、外れたときの恥ずかしさが我々のようなタイプ。**この両者のあいだの溝は深いよね。

佐渡島　羽賀君は協調や和を大切にする「保全」で、僕らは我が道を突き進む「拡散」とも受け取れるね。**基本的に、保全と拡散はわかり合わないよ。**

石川　じゃあ羽賀君と佐渡島君は、すごいコンビで仕事しているんだ（笑）。

佐渡島　羽賀君にかぎらず、マンガ家はわりと「保全」じゃないかな。編集者やプロデューサーは「拡散」。反発するのではなく、補完の関係だから。

石川 なるほどね。話しているうちに、どうやら僕の中の「恥」には、2つのタイプがあることに気づいた。**「経験したくない恥」と、「経験してよかったなと思う恥」。**

テレビや写真で自分の姿を見るというのは、経験したくない恥。経験してよかったなと思える恥は、実はまだ恥じゃない。

佐渡島 ……おお、なんか少しだけ進展した気がする！

そうなると僕や善樹のようなタイプは、まだ本当の意味での「恥」を知らないのかもしれないね。

石川 うわあ……。恥を知った気になっていたことが、もうすでに恥ずかしいわ！　「経験したくない恥」が無意識に避けていたエリアなら、恥を知るためにもあえて行ったほうがいいね。

これからは自分の出演したクイズ番組、ちゃんと見ます（笑）。

恥

この頃はなにかにつけ自信なげで恥ずかしがってばかりいたなあ…
よしきさん
さとしまさん
と読み返して思う・・・

いまの僕は・・・
どーーんっ
面の皮
すっかり面の皮の厚い男になってしまいました〜

と…言いたいところだけど…
え〜っとなんていうか…
羽賀翔一
リモート会議でしゃべっている自分を見るのが恥ずかしくてつねにこの角度で話してしまうことに先日気づきました…

GUILT

罪

その罪悪感、

本当に必要ですか？

「罪」という感情は、ルールがあるから生まれる？

佐渡島　社会規範的にはルールを破ることが「罪」とされているけれど、**僕はルールによって一方的に「自分が悪い」という心境にされてしまうのが、すごくイヤなんだよね。**

石　川　いわゆる「みんなが決めたルール」だね。しかもその「みんな」とは昔の人たちで、ただそれが引き継がれているだけのものも多いと思う。「僕たちはそう決めていないよ」というルール。

佐渡島　少し前の話なんだけど、夜遅くに街を歩いていたとき、目の前の信号が赤で、いったんは止まったものの周囲に車も人もいないし、車が走って来る様子も絶対になかったから、そのまま道路を渡ったの。でも近くに交番があって、僕の様子を見ていた警察官に「さすがにここは我慢してよ～」と注意されちゃった。するとその瞬間に、なんだか僕がものすごく悪いことをしたという心境になるんだよ。法律で決められているわけだから、実際にダメなのは理解できるけれどさ……。

あのときは、「赤信号を渡る」という行為そのものよりも、警察官から「ルールを破っているよ」と指摘されたことによって、罪の意識が生まれた気がする。正直に言うと、ちょっとモヤモヤしたなあ（笑）。

羽賀　僕も車が来ないと渡ってしまうことはあるけれど、警察官が見ているときはさすがにやらないですね。

石川　昔、「ピピピッ！」って笛を鳴らしながら注意されたことがあって、それだけでもだいぶ後悔を引きずりました。

佐渡島　ときどき、信号待ちでまだ青になっていないのに、ジリジリと前に出る人いるよね。「よく見ると少しずつ動いているぞ!?」みたいな（笑）。

いるね（笑）。まあ、法律に関しては別次元の話だとしても、ＡＫＢグループだって、「恋愛禁止」と言っているせいで、ファンにとっても当事者にとっても恋愛が悪いことみたいになっているし。だから恋愛が発覚すると、「ファンを裏切った」なんて責められるわけでしょ。

もしコルクで「給料の一割はコルクが企画した商品の購入に使うこと」なんてルールを作ったら、それを破るだけで悪いような気になるんだよ、

羽賀　きっと。

それで思い出したのが、マンガの原稿ルールですね。スクリーントーンを貼る際、「このくらいまでなら、はみ出してもOK」という自分なりの線引きがあるんですけど、小山宙哉さんの『宇宙兄弟』でアシスタントをしているときに、同じ感覚でやってしまうと注意されます。するとすごく申し訳ない気持ちになるんですよ。みんながルールを守りながら締め切りに向かって頑張っているのに、自分がそれを破ってしまっているので……。**でも自分の作品の原稿では申し訳なさは感じない（笑）。同じ行為なのに、なんか面白いなって。**

石　川　宗教は「これをするな」という制約が多いね。たとえばイスラム教の世界では、酒を飲むことがルール違反になる。

佐渡島　神との約束を破ることは「罪」だからね。

僕は、いわゆる「社会のルール」を破っても罪とは思わないけどなあ。ルール違反をして「悪いな」という意識は感じる必要があるけれど、それを罪とする必要があるのかは疑問。

羽賀 SNSでも、外部の人たちが当事者に向かって「謝罪しろ」なんて償いを押し付けていることがあるけれど、それで謝ったとして、本当に「自分は罪を償えた」と思えるんですかね？　受動的な償いに意味があるのか……。

石川 **ルールには、法律のように社会が合意しているルールとマイルールがあって、償いを要求する人たちは、「マイルール」がいっぱいできているんじゃないかな。**そして自分が、どんどん神になっていく。
そういえば高校生のころ、駅のホームで突然知らない男性に「コラーッ！土足で駅を歩くなー！」って怒鳴られたことがあったな……。「ええっ!?」と思ってその人の足元を見たら、まさかの上履きだった。思わず「すみません！」と謝ったよね（笑）。彼のマイルールではあるけれど、まあ言っていることは正しいなと。

佐渡島 ルールを破るという行為に対して「○○罪」といった言葉が使われているから、罪を感じないといけないことになっているんだよ。罪の感情と結びつく名詞を当てていることで、コントロールされている感じがする。
これって、社会を管理する側にとっては超ラクな概念の植え付けじゃない？　人をコントロールするのに、罪の意識を使うのは重要なんだな。ルールと結びつけて「罪」と呼ぶのはずるいと思うけれど、罪の意識には、すべてルールが関係しているのかもしれないね。

石川　確かに。ルールと罪には関係性があって、**「自分にとってのルールとは何か」を考えると、罪の本質も見えやすくなるのかもしれないな。**

ただ謝るより、環境のせいにするほうが解決できる

石川　マイルールとは違うニュアンスとして、**自分の中で「こうするんだ」と決めた約束を破ることに対する「罪悪感」もあるよね。**

羽賀　実は僕、「自分でちゃんと健康管理をしよう」と決めてフィットビット（スマートウォッチ）を買ったんですけど、最近、寝るときに気になって外してしまうんです。早くも自分との約束を守れていない。

子どものころは「これをやろう」と決めたことができないと、罪の意識を感じていたけれど、大人になると、それがだんだん鈍くなってきているな

と思っています。

佐渡島 **罪悪感にかぎらず、同じ感情を頻繁に繰り返していると麻痺してくると思うよ。**

僕が、「羽賀君がマンガを描けないのは、僕の感謝が足りないからだ。これからはもっと感謝していこう」と考えて、「羽賀君、今日もマンガのこと考えてくれてありがとう！」とか毎日言ってきたらどう？（笑）

そのうち、「どうせ仕事で言っているんだろうな」と思われそう。

羽　賀 うわあ、それはイヤだなあ（笑）。僕も、締め切り守れなくて毎回「すみません」と言っていると、「コイツ、本当に申し訳ないと感じていないな」と思われちゃうのかな。なるべく謝らないほうがいいんですかね……？

佐渡島 たまに「すみません」って言われると、「あ、今回の締め切りは重要だと捉えていたんだ」ってなるかも。

石　川 戦略的すみわけだ（笑）。

佐渡島 それに相手への謝罪より、自分が罪の意識から解放されたくて「すみません」と言っている場合もあるからね。だったら**罪の意識を抱き続けるほう**

が、状況は改善するかもしれない。

僕は何か問題があると、まずは環境のせいだと考える。それでよく「屁理屈を言っている」と思われるんだけど(笑)。でも、問題が起きたときに「自分に原因がある」と捉えるのって、実は簡単なことじゃないかな。

確かに、結局は自分しか変えられないけれど、**「すみません、頑張ります」という答えで終わらせてしまうのは、かぎりなく思考停止に近い気がする。**

石川　だって、頑張ったのにできなかったわけじゃん。だとしたら、「外部の何を変えたらできるのだろう?」と考えてみる。編集者からのアドバイスを増やすのか、「仕事が多かった」のなら、ほかの仕事を組み直すとか。解決策がいっぱい出てくる。

佐渡島　「頑張ります」だと、根性論にしかならないよね。

そう。だから羽賀君も、今度は謝るよりも逆ギレしてみなよ(笑)。「編集者なら、締め切りが過ぎていることを言うんじゃなくて、僕がすぐに描けちゃうようなアドバイスできないですかね〜」とかさ。

石川　「いい編集者とは何か、1回ちゃんと話しませんか?」みたいなね（笑）。

「締め切りなんて遅れて当然」で、脱・罪悪感!?

佐渡島　ルールと罪との関係性についてもう少し深く考えると、コミュニティごとにもルールがあると思う。**コミュニティの中で罪の意識が規定されるから、変化するのが難しくなるだろうなあ。**

僕自身は、講談社にいながら大きな変化は起こり得なかった。

石川　コルクを立ち上げたときは、ルールとかどうしたの?

佐渡島　会社の中にルールがなくて、「みんな好きにやればいいじゃん」という感じ。そもそも僕が自由になりたい思いが強かったから。既存のルールを壊すというよりも、そこから出たかった。

石川　新しいルールを作るのと、ルールを入れ替えるのってちょっと違うよね。**新たなルールを増やして、より質の良いものにしていくのが「アップデート」で、既存のルールを壊していくのが「アップグレード」じゃない?**

俳諧でも、俳句の時代は季語を必要としていたけれど、庶民が楽しむようになって、「季語なんてなくてもよくない？」と無季俳句が生まれた。これはアップグレードだね。

佐渡島 なるほど。起業するときって初期はアップグレードだけど、ある程度育ってくるとルールを決めないとだから、アップデートが行われるんだな。

石　川 **アップグレードする人は、ルールを破ったり壊したりして新しくしていくわけだから、罪悪感を抱いているかもしれないね。** 本人はそう思っていなくても、そこに付いていく人たちとか。

佐渡島 正義感の場合もあるよ。むしろ今までのルールのほうが罪で、「壊すべき」だと考えている人たちだったらね。

古い産業をつぶすのって、今までの人たちに「無価値」と言っているような罪悪感があって、でも同時に「社会を更新するんだ」という正義感も味わえる。

羽　賀 ふと思ったんですけど、「罪悪感」と「背徳感」って違う感情なんですかね？

佐渡島　背徳感は、社会のモラルに反していることじゃない？　そしてそれを心のどこかで喜んでいる。不倫とか。

石　川　「背徳感」って字がいいよね。「徳」に対して背を向けている感じ（笑）。道徳に反していますよ、これは。

佐渡島　あとは、ルールをちょっと破っているというよりは、過剰に破っている状態かな。

石　川　ダイエットしているときに、少しのカロリーオーバーだと罪悪感だけれど、すっごいオーバーしたらもう背徳感。カロリーゼロ飲料は罪悪感を消してくれるし、逆に揚げ物なんかは背徳感を抱きそう。

とすると、**「罪悪感／背徳感／正義感」は近い感情なの？**　同じ事象に対して、3つの感情を抱く可能性があるということだよ。すごくない？

倫理の三角構造だ！「ジレンマ」はAかBのどちらかだけど、この場合は3つだから「トリレンマ」。なので「倫理のトリレンマ」と呼ぶことにしよう。

佐渡島　ちょっとした発見だね。僕は、**ルールの真意を見直すようになってから、**

罪

罪悪感を抱かなくなったなあ。

羽　賀　羽賀君、今回の考察で少なくとも締め切りに対しては、罪悪感を抱かなくなっているかもよ?

石　川　「俺はマンガを作っているんだ!　良いものを世に送り出すという正義感でやっているんだ!」と(笑)。

佐渡島　編集者にも、「締め切りなんて遅れて当たり前だろう。誰と仕事していると思っているんだ?」と!

そうそう。「ほかのマンガ家は必死に締め切りを守ろうとしているのに、俺は堂々と締め切りを破る!」という背徳感も一緒にさ。いいねえ、背徳感を味わいながら締め切り破るの(笑)。

罪

罪の重さとは…
なんだろうか…
罪

犯罪行為だけが「罪」ではない
あのとき自分があんなことを言ってしまったせいで…

あの人はいまも苦しんでいる…
罪

もう気にしてないのに…
重くて軽い罪の感触を知るために物語はあるのかもしれない…
罪

悲しみ

SORROW

悲しみ、避けちゃダメ。
受容しよう！

シミュレーションで、「悲しみ」は回避できる？

佐渡島 自分の子どもたちを見ていて気づいたのだけれど、**同じ事象に対する反応でも、「悲しむ」人と「怒る」人がいるよね。子どもってわりと、まず怒っちゃう（笑）。**

石　川 たとえば僕が仕事に出かけようとすると、息子が「なんで出かけるの！」って怒るんだよ。だから、「こういうときは怒るより〝寂しい〟とか〝悲しい〟と伝えたほうが好かれるよ」と言うんだけどさ。

「お父さんは家にいる」と思っていたのに、いなくなっちゃうから、感情が揺れるのだろうね。羽賀君は、悲しいと感じたエピソードとかある？

羽　賀 以前、テレビの番組で密着取材を受けたことがあるんです。1ヵ月くらいのあいだ、ずーっとカメラで撮られているんですけど、密着にありがちな「ちょっとここは撮るのやめてもらえますか？」みたいなことは、言わないでおこうと決めていました。視聴者に、「こいつ調子に乗ってる」とか思われたくなかったので（笑）。

でも1回だけ、ネームをやっているときにカメラがあまりにも近かったので、「少し離れてもらってもいいですか?」と言っちゃったんです。それが放送の中で2回も使われていたという(笑)。僕がわりとテンパってる感じになっていて、あれはちょっと悲しかったですね。

石川 それは怒ってもいいところだよ(笑)。

羽賀 僕の中で「そういうことをしない人物として描いてもらえるだろう」と、勝手に期待していたのだと思います。だから、違って見える一部を編集されてしまったということに対する悲しみと、そうならないような信頼関係を、僕が築けなかったという悲しみがありました。

佐渡島 羽賀君と同じことをされたとき、きっと怒る人もいるよね。僕は、**人から「感情が出ない」と言われるけれど、いろいろな感情を常に感じてはいるんだよ。でも、わりとすぐに手放している。悲しみや怒りなんかは特にそうだな。**

羽賀 佐渡島さんは、どんなときに泣きますか?

佐渡島 小説を読んでいると泣くよ。平野啓一郎の『ある男』や『マチネの終わりに』（共に文藝春秋）は感動したな。物語を読んでいるときは作家に自分の感情を預けるから、わりと作家が作ってくれた波のとおりに感動する。ただ自発的なところで言うと、先に感情をコントロールするというか、とらわれないようにしているね。悲しみも、すぐに認めてしまえば半日くらいでとらわれなくなる。

あとは、**実際に起こる前にイメージすることで、感情のシミュレーションをしておく。**僕は、「もし子どもが死んでしまったら」なんて考えながら、普通に街を歩いているわけ。子どもが死んでしまっても、自分が生きていかなきゃならない状況を想像する。

石川　そうやって想像していても、もし本当に起きてしまったときには、どんな感情が湧くんだろうね。

佐渡島　子どものことなら、やっぱり悲しむだろうね。それは、想像を超える悲しみだと思うから。なんとかして防げたと考えるだろうし。

羽賀　悲しみに対抗するには「ポジティブな思考」と思いがちですけど、あえて「想定しておく」というのも、方法のひとつかもしれないですね。

一見ネガティブに感じるけれど、逆にポジティブ思考のほうがリスクから目を背けている可能性もある。

石川　僕も、たとえば自分の財布が盗まれたり、どこかに置き忘れたりという想定はしているな。
で、実際に学会でパリに行ったときに盗まれたんだけど、「想定どおり」と思っていたから悲しくなかった。実は盗まれる前提で、財布にはあまり入れてなかったし、むしろ「自分はこの日のために準備していたのだ！」と嬉しくなったよね（笑）。
一方で、一緒に行った後輩はタクシーに携帯電話を置き忘れて大パニックなの。すっごい落ち込んじゃって、せっかくパリの素敵なレストランに行ったのに、食事が全然手につかない。「今、お前がどれだけ悲しんでも、携帯が戻ってくるわけではない」と言ったんだけど。

佐渡島　僕もそう思う。目の前の料理を楽しんだほうがいいよ！

石川　結局、携帯電話は無事に戻ってきたんだけどね。後輩に「これを機に、携帯は落とすものとして生きていくのはどうかね？」と言ったけど、伝わら

悲しみ

なかった（笑）。

「悲しみ」の消費期限と、無自覚の感情

羽　賀　「悲しみ」という感情を共有することで、コミュニティの一体感というか、人との絆が深まることってありますよね。

佐渡島　そうだね。**悲しみは共有できるし、コミュニケーションにおけるツールのひとつでもある。**マンガでも、キャラクターが怒ったあとに仲良くなるより、悲しみを共有することで仲良くなるほうが、読者はリアリティを感じられると思う。
東日本大震災のあとも、悲しみによって多くの人が一致団結したよね。デモやストライキといった怒りによる団結よりも、悲しみの団結のほうが長く続くのかな。

石　川　怒りは、あまり長く続かなさそう。悲しみは10年でも続くよね。

佐渡島　子どもの頃に経験した悲しみを、60年間、抱えるなんてことも有りうるか

らなあ。死ぬ直前に「あの悲しみの出来事が、私の人生を色づけた」と言われても理解できる。「あのときの怒りが、私の人生のすべてだった」だったら、「小さい」と思っちゃうけれど（笑）。

羽賀 怒りは原動力にもなるけれど、成功や目標に近づくにつれて薄れていくのかもしれない。

佐渡島 悲しみだと、尊厳を感じます。

誰かが亡くなって、その悲しみを静かに抱き続ける場合もあるね。たとえば、僕としては『君たちはどう生きるか』のマンガ化の話を持ってきてくれた、講談社の原田隆さん。原田さんが出張中に脳卒中で亡くなってしまったことは、悲しくてよく思い出す。原田さんは、この作品が大ヒットすることを知らずに亡くなった。羽賀君と僕を応援しようと思って、マガジンハウスの同僚がこんな面白いことを考えているんだよ！って紹介しに来てくれた。ことあるごとに「この仕事、原田さんと一緒にやれたらな」とか考えてしまうんだよ。

羽賀 そうですね……。原田さんには完成した本をお見せできなかったのが本当

悲しみ

に心残りです。

佐渡島 僕はわりとせっかちだけれど、ゆっくり生きている人のほうが感情の味わい方もゆっくりなんじゃないかな。そういう人って、かっこいいと思う。悲しみや怒り、幸せをゆっくり感じている人は、人間の深さがある気がしない?

石　川 確かに、深い気がする。

佐渡島 さっきの「携帯電話をなくした!/落ち込んだ!/見つかった!」っていうのも、ドタバタしているんだよね(笑)。

ただ僕自身は、**何かにとらわれることが物事の見る目を誤らせると思っているから、感情に浸りたいとかはあまり思わない。**悲しみに浸り続けると、肉体も悲しみにとらわれてしまいそうな気がするのだけれど、どっちがいいんだろうなあ。

羽　賀 ……羽賀君は、悲しみに浸るの好きだよね?

そうかな?(笑)マンガを描いたり佐渡島さんと話したりすることで、自分の感情に気づくという経験はあるので、自覚がないだけなのかも。

僕はずっと母子家庭で育ってきて、それでも父親がいないことを「寂しい」と思ったことはないつもりでいました。でも、『シラナイ一家』というマンガで主人公が父親と再会するエピソードを描いたとき、「もしかしたら自分も、本当は寂しいって感じていたのかな？」と思ったんです。**あとから自分の感情に気づくということも、大いにありますよね。**

佐渡島 誰しも自分の感情に気づいていないことは多いと思うよ。

石川 ちょっと話が変わるけれど、とある研究で「異性からどんな感情を見せられたら嬉しいか」という調査があって、**男性は女性が喜んでいると嬉しい。でも女性は、男性が悲しんだり、落ち込んだりしていることを打ち明けられるのが嬉しいんだって。**これは国を問わないのだそう。何が幸せか、男女でずれ過ぎているなと思った。

羽賀 女性は「悲しみ」に対して、ネガティブではない側面も捉えられるのかもしれませんね。

石川 確かに、良いことだけでなく、悲しかったことも含めて、自分のことをすべてさらけだしてくれるというのは、ひとつの喜びとして捉えられるかもしれないね。

佐渡島　男女は関係ないけれど、僕が**「他者に怒りをぶつける人と、悲しみをぶつける人が似ている」と思うのは、それが「他人をコントロールしようとしている」と感じるから。**

感情をぶつけてコントロールするくらいなら、言葉で話して要望を出そうよと。

不機嫌をアピールすることで周囲をコントロールするのも同じで、おそらく悲しみや怒りで状況を変えられた成功体験があるのだと思うよ。

赤ちゃんがそうだし、「幼さ」や「未熟さ」とセットな気がするな。

ネガティブ感情を「受容」する、人間らしい生き方

石　川　物語の構造にも、実は感情が大きく関与してくるよね。面白いのが、西洋の物語ではまず「対立」して、その後「葛藤」が生まれて……という流れで展開していくことが多い。基本的に右肩上がり。

でも日本の昔話なんかだと、まず何かを「失う」。そして「悲しむ」、「受容する」という構造になっている。U字を描いていて、元の地点に戻っているだけ。

この、**「失ったものをどう受容するか」**が大事なんだなと。

佐渡島 ちなみに、テレビアニメ『まんが日本昔ばなし』で僕のベスト作品は、『火男』という話。『タッチ』で有名な杉井ギサブロー監督が手掛けていて、「これぞ日本の昔話」という、シンボル中のシンボルだと思う！

石　川 なるほど「受容」かあ。感情に長くとらわれずにパッと手放すというのも、どうやって「受容」を早く行うかということになるね。

逆に「変容」の文化もあると思うよ。とある日本人男性が、長く付き合った彼女と別れた。その話をたまたま船旅で一緒になったフィジーの女の子たちに話したら、めちゃくちゃ笑われたんだって。

後日、その理由を聞いたら、「可笑しかったわけではない。悲しいことがあったら、笑ったほうがいいでしょ？」と言われたのだと。

「悲しいけれど笑う」のは、思考回路や解釈を変える「変容」だよね。ポジティブシンキングも同じじゃないかな。フィジーは世界の幸福度ランキングが高い国だから、もしかするとこうした文化も関係しているのかもしれない。

羽賀　とすると、悲しい出来事を自分から笑い話に変えて話してしまうのも、「変容」ですかね？

石川　そうだと思うよ。そもそも「受容する」というのは、仏教の基本的な考え方。
これまでは認知行動療法の分野でも「変容」のほうが注目されていたけれど、最近は「変容するよりも、そのまま受容したほうが結果的にラクなのではないか」という考えもある。「アクセプタンス＆コミットメント・セラピー」のような、新世代の心理療法も出てきている。

佐渡島　**「受容」を「諦める」と捉える人もいるけれど、仏教では「明らめる（明らかにする）」ことだから、悪い意味じゃないしね。**

石川　そう。「あるがままとして、変えようとしない」だから。
さっきの『火男』も、「悲しい」という感情をどう扱うかがテーマになっていて、とにかく演出が素晴らしい。おじいさんが悲しむシーンでは、涙を流すまでにすごく時間をかけているの。まず、おじいさんの顔がアップになって、4、5秒くらいしてから、ほろりと涙を流す。贅沢な間の取り方しているよ。

佐渡島　ブッダって、悟りを開いたときにすべての感情を感じていたのかな。僕はむしろ、怒りも悲しみもなくなっていたような気がする。

石　川　「無の境地」って、あれは何も無いのではなくて、無尽蔵の「無」なんだって。だから仏教的な観念から言うと、**「人はネガティブ感情を生じるものであるから、それを避けることなく受容せよ。ポジティブ感情は、執着することなく手放せ」**だね。

佐渡島　……そう思うと、僕は悲しみがイヤだから、避けて生きてきたなあ（笑）。すべての感情に、良い面もあれば悪い面もあるってことか。「万物は流転する」ことを価値観として本当に受け入れられると、感情もまた、その一つひとつは短くなっていくのだと思うな。

悲しみ

「感情に長くとらわれず…パッと手放す」って…
喜
悲
怒
あばよ…
むずかしそうだ…

「手放す」って…
「忘れる」とはちがいそうだなぁ…

出来事自体は記憶にうもれてもそのときの感情だけは残っていることはある
モヤモヤ
悲
え…これ…いつからだ…?

むしろ出来事を忘れてしまったせいで自分が「悲しみ」を負っていることに気づかなくなっていることだってあるはずだ…
悲
なんか肩こるなぁ
なんでかしらんけど

手放して身軽になったときそれがあったことに気づく…
「手放す」は「受容する」にちかいのかもしれない…
悲
どすんっ
ぼくはこんなに悲しんでいたのか…

DESPAIR AND
HOPE

絶望・希望

何度絶望しても、
最後が希望ならOKじゃない?

希望を抱いた瞬間に、絶望もまた存在している

石川　**望みが絶たれた状態を「絶望」とするならば、「希望」についても一緒に考えていく必要があるね。**僕は昔、とある野望ができたことで絶望するようになった。

佐渡島　どんな野望だったの？

石川　「俺は人類の英知に貢献するんだ！」という野望（笑）。30歳前後の時期に、ようやく「自分もそこを目指していいかな」と思えるようになって。でも野望を持ったことで、夜、寝る前に「また今日も人類の英知に何も貢献できなかった……」って愕然とするんだよ。そんな絶望の日々が3年ほど続いて、「このままじゃダメだ！」と。人類の英知に貢献できたかどうかを、一日の基準として生きちゃいけないと思った（笑）。
だから自分にとって何があれば満足なのか、不満を抱かずに一日を終えられるのかを考えてみた。わかったのは、自分なりの「発見」があれば満足

するし、不満もなくなるってこと。それからは、**どんなに小さくてもいいから必ず何かひとつ発見をして、一日を終えることを心がけるようになった。**

佐渡島 自分自身を成長させるということ？

石　川 成長というよりは「気づき」や「学び」に近いかな。「これは面白い！」と感じることをひとつ発見するだけでもいい。意識そのものが変わったんだよね。

今日もここに来る途中、ビルの入口で「部外者の方へ　当ビルは残念ながら共同トイレはありません」と書かれた張り紙を見つけたのだけれど、この「残念ながら」と言いつつも偉そうな感じが面白くて（笑）。「これを書いた人は、なぜあえて〝残念ながら〟を入れたのか!?」なんて考えていた。こんなレベルでも、一日が面白かったと思えるきっかけになる。

佐渡島 なるほど。僕は「絶望」について考えていたら、羽賀君が絶望する方法を思いついてしまった。

羽　賀 えっ、それ今聞いて大丈夫ですか!?

絶望・希望

佐渡島　僕が死ぬ間際に、「羽賀君のマンガ、実はこれまで一度も面白いと思ったことがなかったんだ……」って言ったら、絶望するだろうなあって（笑）。

羽　賀　なんかすごい嬉しそう（笑）。それが現実に起きたとしたら絶望するなあ。

佐渡島　佐渡島さんは絶望したことありませんか？

うーん……。「がっかり」とか「失望」はあるけど、絶望は感じたことないなあ。

「コルクを成長させていく」という目標に対しても、たとえばGREEとかDeNAって、創業から5年経ったころにはもう売上1000億円で上場して、社員も1000人を超えていたんだよ。マーク・ザッカーバーグやビル・ゲイツともなると、世界規模で偉業を成し遂げている。彼らに圧倒的な差を感じてはいるけれど、それは絶望ではなく「すげえ」という感情。「自分はしょぼいなあ」と思いながらも、頑張るしかない。

石　川　期限を区切るとそこがゴールになるから、その時点で望みが叶っていないと、自然と絶たれることになってしまうよね。僕なんて一日で実感しようとしていたし（笑）。

佐渡島　期限もそうだし、自分の体力やキャパシティがなくなると、絶望しやすい状況になるだろうな。でも「諦める」と「絶望」は違うよね？

石　川　絶望はある意味、希望を抱き続けることを諦めたということだと思うよ。**逆に諦めないかぎりは、たとえ望みが叶わなくても絶望せずにいられるかもしれない。**

羽　賀　ということは、**極論ですけど希望を持たなければ、諦める必要も絶望することもなくなりますね。**

佐渡島　まあね。でも「希望なんて最初から持たない」とか言う人がいるけれど、あれは持っていないフリをしているだけだと思う。そもそも本当に希望を持っていない人は、そんなふうに言わないだろうから。

私たちは、鏡に映る「自我」に苦しんでいる!?

佐渡島　羽賀君が言ったように、希望を持つこと自体に是非はないけれど、**「人は何かを成し遂げなければならない」という感覚は、文明によってもたらさ**

れた一種の病ではあるよね。「生まれたからには、自分の爪痕を残そうぜ！」みたいな（笑）。

石川　もっとこう、ぐうたらに生きるのもアリなんじゃないかと思うけれど、なかなか難しい。どうしても何かしたくなっちゃうんだよ。

佐渡島　それは**「個人」という概念があるからこその悩みだね。**

石川　そういえば夏目漱石も、「個に向き合うようになってから苦しくなった」的なことを言っていたな。

……で、「個人」という概念がどのように生まれたかというと、僕は16世紀のルネッサンスがきっかけだと思っている。この時代に、ガラス鏡が普及したんだよ。

それまでにも鏡はあったけれど、高級品だから特権階級を除く多くの人は、自分の姿をクリアに見たことがなかった。見られたとしても、せいぜい水面に映る姿とかだから自己認識はあいまいだよね。

でも鏡が市井に広く普及したことで大多数が自己をハッキリと認識するようになり、自己と向き合う文化や自我が生まれていったのではないかと。

羽賀　確かに、**鏡があることで「他人と自分を比較する」行為も生まれますね。**

石川　そう。鏡がない時代は、自分と向き合う必要がほとんどなかったはず。コミュニティや家族といった関係の中で、それなりに成立していれば問題ないわけだし。

佐渡島　自我が育つ思春期に感じる「漠然とした絶望」は、それに近いものかも。

羽賀　絶望とまではいかなかったけれど、僕は中学生のころ、背が低かったせいで「普通になりたい」と悩んでいました。声変わりもしていなかったので、目立ってしまうことがすごく恥ずかしかったんです。やっかいな自我のせいで、逆に「周りの景色に馴染みたい」と悩んでいましたね。

高校2年生で背が伸びたあと、ある日、不良のコたちが僕のところに来て、「お前が着られなくなった学ランをくれないか」と言われました。短ランになるから、ちょうどよかったみたいで（笑）。

佐渡島　羽賀君は自身のことを「ダメだ」と表現することがあるけれど、あれは自分の才能に対して絶望しているの？

羽賀　難しいですね……。自分の中でどうやったら成長できるのか、「変わりたい」と言いながら変われていないのが現実で。「君たちはどう生きるか」と問いかけたまま、作品を出さずに死ぬわけにはいかないし（笑）。でもこうして話をしてみて思ったのは、これって結局、鏡に映る自分を見て自分を探そうとしていることだな、と。**「なりたい姿」は自分というものの外側にあるはずで、鏡を見る行為から外れないと、見つけられない気がしました。**

絶望は、ピークの位置が高く強い感情

羽賀　「絶望」と「悲しみ」の関係はどうですかね？**「小さな悲しみ」はあっても、「小さな絶望」ってないと思うんですが。**

佐渡島　そうだね。絶望は「もう立ち直れない」と、一度は本気で思うほどの大きな悲しみかも。でもこの定義を明確にするのは難しい。**「ここからここまでが悲しみで、これ以上は絶望です」みたいな線引きなのか、そもそもまったく違うものなのか。**

石川　佐渡島君の言った「もう立ち直れないと、一度は本気で思う」は、的を射ている気がするな。本当に二度と立ち直れないかは別としても、いったんそのレベルに至ってしまう。

一番怖いのは、「絶望」と「衝動」が重なること。自殺につながるから、絶対に一緒にしちゃいけない。

「人はいかにして絶望から立ち直るのか」を考えたとき、感情の流れとして起こっているのは、「絶望」を粛々と受け入れることだと思う。

明るい希望に向かって、いきなり「おー！」という感じではないよね。淡々と、ゆっくりとその絶望を受け入れていくことで、変化していく。

作家の水野敬也さんが、「人生は一列に並べたオセロゲームのようなもの」と言っていて。「生まれたときには、誰もが白い駒を渡されてスタートする。けれど生きていればイヤなこともあるわけで、黒い駒がどんどん置かれてしまう。でも人生のどこかで、たとえ最後の最後でもいいから白い駒を再び置ければ、それまでの黒い駒はすべて白に変わる」というもの。

佐渡島　**「絶望」を感じているときは、感情の波のピークとなる部分。**この意識を

絶望・希望

持つだけで、大きく違ってくるよね。絶望が一生続くと思うと、感情もだらだら続くしそこから抜け出せなくなる。逆に「希望」は、ずっと持ち続けることができる。

その感情は瞬間的なピークがある波なのか、ゆるやかに長く続く波なのか。自分の中で感情の特性をどう捉えるかの取捨選択が重要だと思う。

石　川　京セラ創業者・稲盛和夫さんの言葉、「楽観的に構想し、悲観的に計画し、楽観的に実行する」だね！

佐渡島　**希望と絶望を行ったり来たりするのは、本当の意味で良いものを作り出すと思う。**絶望って、ありとあらゆる悲観的な可能性を考えることだから。

僕も善樹も、思考の量としてはわりとネガティブ思考が多い。でもネガティブ思考を客観的に捉えて、引っ張られないようにしているよね。その結果、ポジティブ思考も尖ってくる。

石　川　ネガティブから入っても、大元の部分では楽観的に捉えているのだと思う。

佐渡島　それはあるな〜！　基本的には「どうにかなる」とか「人はいずれ死ぬ」

感情の波にはそれぞれに特性がある

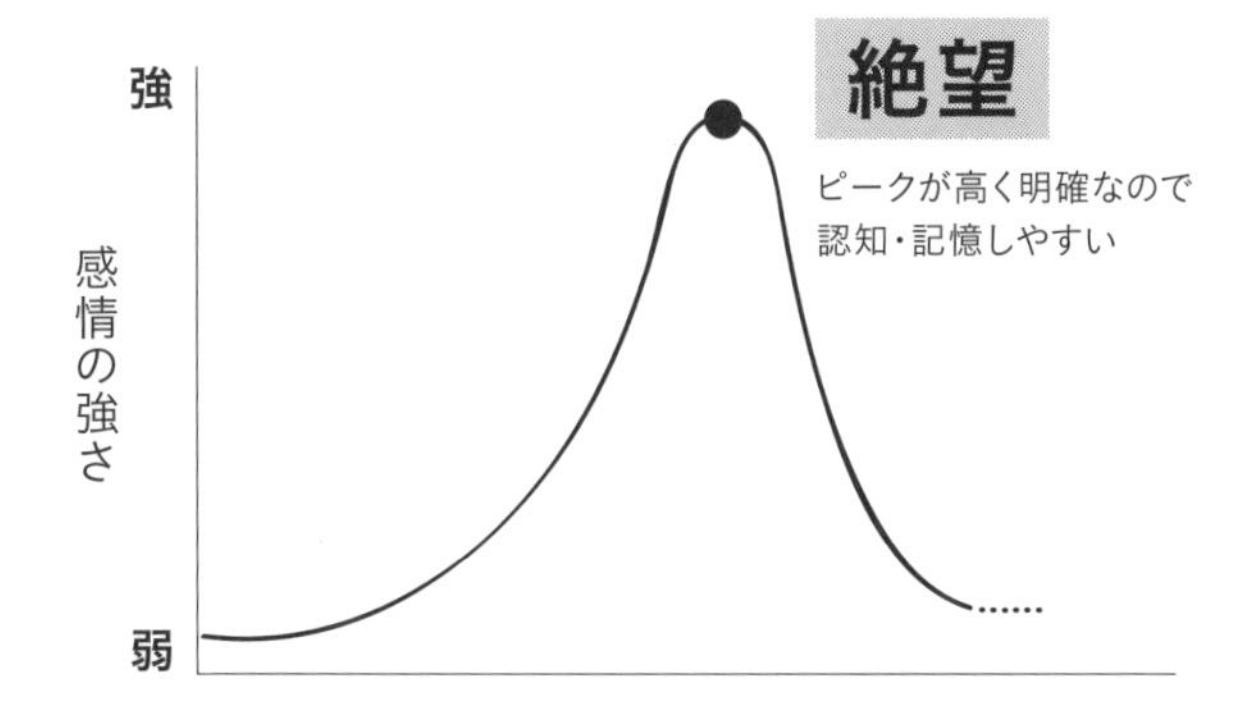

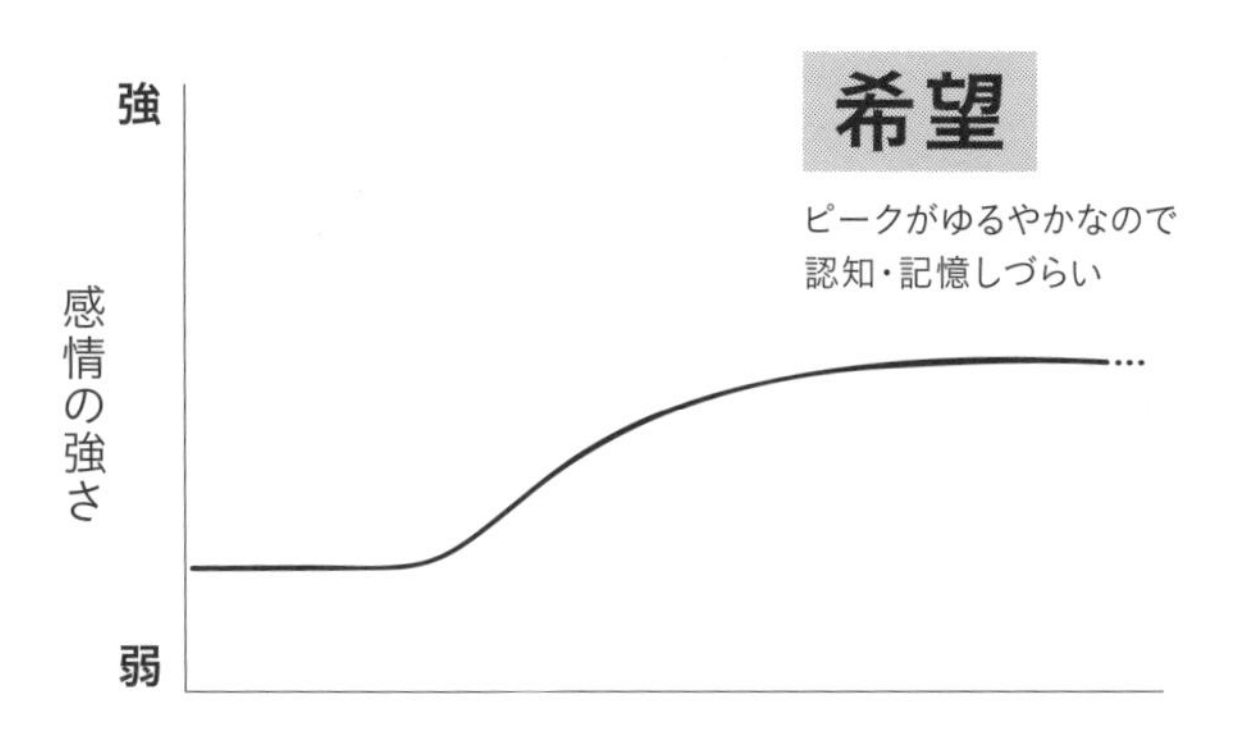

とか思っているし。もし人類が滅亡することになっても、「それが自然の理かな」なんて考えちゃいそう。

石川 何をしても最後はみんな、いないんだから（笑）。

どれだけ素晴らしい作品を書いても、数千億年後にはきっと意味がなくなっている。

だから羽賀君も、もっと安心していいんだよ？

羽賀 ですね……（笑）。

絶望・希望

「漫画君たちはどう生きるか」の中で…
君たちはどう生きるか
主人公コペル君は2つの涙を流す…

ひとつは絶望を感じて…

もうひとつは希望を感じて

同じ涙でもまったく違う…
それを描きわけることが僕の大事なテーマでした

怒り・イライラ

ANGER & IRRITATE

「怒り」の裏を覗いたら、
大事なものが見えてきた！

感情を雑に扱うと、人はどんどんすれ違っていく

佐渡島　善樹が教えてくれた、**ハーバード大学の研究で使われている「感情のチェックリスト」では、「怒り」と「イライラ」が別の感情として分類されていたよね。**
でも僕としては、この2つは同一線上にあって、強度の違いじゃないかと思っているんだよ。イライラの先に、より強い感情として怒りがあるイメージ。

石　川　基本的に違うものとしているね。その理由を探るためにも、最近、自分が何に怒ったかを思い出そうとしたけれど……。怒るほどの出来事がなかった。**日常においては、怒りよりもイライラのほうが頻度は高い気がする。**

佐渡島　善樹が怒るイメージってあまりないけれど、イライラすることあるの？

石　川　そうだなあ……。たとえば、研究室で進めている論文のドラフト版がスタッフから送られてきたとき、そのクオリティにイライラすることはあるかな（笑）。

期待しているぶんイライラしてしまい、でもイライラを相手にぶつけたところで、その行為が成長につながるわけではない。とはいえ期待しないと成長もないわけで……って、どうすればいいの!?

羽賀　それって、善樹さん自身に作業負担が増えてしまうことにイライラしているんですか?

石川　いや、期待する水準に達していないことに対してだね。結局、一番成長していないのは僕自身なんだよ。いろいろと考えてフィードバックをしても、それが相手に正しく届いてなかったりすると、「自分はいったい何を見落としているんだ?」とイライラする。

羽賀　僕の場合、イライラという感情は、まだ許せる範囲な気がします。かなり前の話ですが、混んだ電車の中でおもむろに大きなコーンアイスを食べはじめた人がいたんですよ。しかも立ったままで。僕はすぐそばに立っていたので、電車が揺れるたびにイライラしていました。でも同時に、「この状況でアイスを平気で食べられる人がいるんだなあ」と面白がる気持ちもあって、正直、許せないほどではない。だから「怒ったか」というとちょっと違う。これが怒りだったら、もっと「許せない」という感情が強いと思います。

佐渡島 そういえば僕も先日、コルクの社員から「佐渡島さん、さっき怒っていましたね」と指摘されたなあ。僕としては怒っているのではなくて、強く注意しているつもり。でも相手に対してイライラは感じていたと思う。だから「怒っていましたね」と言われたら「怒ってはいないよ」と返すけれど、「イライラしていましたね」と言われたら、「いやあ、そりゃあイライラするよ！」と答える（笑）。

さっき善樹も言っていたけれど、**怒っているのはむしろ、望んでいるアウトプットを一緒に出せていない自分に対してだな。相手にはイライラして、自分には怒っている。**

そう考えると僕たちは日頃、「イライラ」も「怒り」として扱ってしまい、間違った認識をしている可能性があるな。

石　川 感情の捉え方に、ミスが起きているのかもね。

佐渡島 そうだと思う。感情を雑に捉えていると、強い口調で言われただけで「怒っ

怒り・イライラ

ている」とか「怒られた」になってしまう。

「この感情はイライラなのか？　それとも怒りなのか？」と自分に問いかけることで、もっと丁寧に向き合えるようになるんじゃないかな。

となると、**「イライラ」と「怒り」は同一線上にあるとはかぎらず、別の感情とするハーバード大学の考え方も当てはまっているわけだ。**

相手を理解したいなら、「怒り」のポイントを探れ

石川　「怒り」は、その種類によって爆発的なパワーを発揮することがあるけれど、思わぬことに怒りを感じて進んでいる人はすごいと思う。過去の革命を振り返っても、国王による統治に怒りを感じて立ち上がった人々がいるわけで。**「封建制度はダメだ！」とか「王様を倒せ！」という怒りの感情が歴史を変えてきた。**
現代だと、政治以外でもあるよね。環境保護の分野では、大量の海洋プラスチックごみが海を汚染していることに怒りを感じたオランダの青年が、

佐渡島　18歳でNGOを立ち上げて画期的なアイデアでごみを回収する『オーシャン・クリーンアップ』プロジェクトを打ち出している。今や世界規模での活動になっていて、この感性はすごいと思う。
怒りにかぎらず、感情が大きいというのは成功するための条件でもあるよね。**多幸感が強いと多くの人にさまざまなかたちでギブできるから、結果的にそれが自分にも返ってくることになる。**
ただ、ネガティブ感情はうまくマネジメントしないと、自分の身を滅ぼすと思う。

石　川　僕は、自身の怒りに対しては長くとらわれないようにしようと考えていて、怒りを行動の源泉にしたことはないなあ。
そういえば、一般的に正しいとされていることを指摘すると怒る人っていない？　いわゆる「逆ギレ」ってやつ。あの心理はどうなっているのだろう。

佐渡島　正論ってわりと抽象的なものだからね。自分がしっかり思考できていないことを指摘されるから、反論できずにイライラするのかな。

怒り・イライラ

冗談っぽくいじられることに対して怒る人もいるけれど、最初にまず戸惑いという感情が起きて、それを自分の中でうまく分析できないと「怒り」になっちゃう。

実を言うと僕は、相手を知る手段として意図的にその人をイライラさせることがある（笑）。幸せや誇り、希望といった感情を短時間で生み出すことはできないけれど、イラッとさせることは、一瞬かつ一言でできるから。「なるほど、この人はここがイラッとポイントか〜」みたいなところから理解が深まって、会話の幅が広まっていくんだよ。

羽賀　初対面の人と友達になるのに、イライラポイントを知るのはいい方法だと思うけれどなあ。

佐渡島さん、新人マンガ家との打ち合わせでもその手法を駆使していますね（笑）。

佐渡島　している（笑）。

テーマが少し逸れるけれど、**人が成長するのって、いろいろな基準を内在化させていくこと**だと思っているから。子どものころって、そもそも基準自体を知らないからすべてが外側にある。そこから自分なりの基準をいくつも作っていくことが、大人になるという過程じゃない？

新人マンガ家と打ち合わせをしていて感じるのは、**作品を良くするための打ち合わせなのに「僕の評価」をすごく気にしていること。基準が外在している。**そうなると、褒めることから始めないと進まなくなってしまうんだよ。

羽賀　自分の作品に対する評価も、内在化させるってことですか？

佐渡島　そう。それをいかに早くできるようになるか。評価が内在していると、逆に自分の視点が歪んでいるんじゃないかと思うようになるから、むしろ批判的な視点が欲しくなる。

僕なんか、批判的なことを言ってくれる人を探しに行っちゃうけどな。そういうときの振り返りが一番うまくいくから。

石川　……まあ、その意見を聞くかどうかは別だけど（笑）。

佐渡島君の「イラッとポイントを探る」に近いけれど、昔会った新聞記者の言葉を思い出した。「その人のことを深く理解したければ、何に怒りを感じるのかを知るといい」と。

たとえば、佐渡島君が怒っているように見えるときは、「佐渡島君が大事にしているものがあって、それが満たされていないんだな。じゃあ、それは何だろうか?」と考えてみる。**「怒り」が大切なものが脅かされたときに起こるものならば、こうしたサインとして捉えることもできるよね。**

逆に大切なものがない人や、それが脅かされる心配のない人は、あまり怒らないのかもしれない。

あらゆる感情を内包した、究極の「顔」とは!?

佐渡島 「怒り」って、感情の中ではかなり原始的なものだよね。「恐怖」なんかもそうだけれど、人にかぎらず多くの動物にも存在するし。

石　川 怒りなどのネガティブ感情や強い感情を爆発させていると、周囲は本能的にそれを避けようとする。対処に慣れていないというか、ネガティブ感情に積極的な意味を見出すのが苦手なのだろうな。つい逃げちゃう。

佐渡島　マンガの世界だと、むしろ「怒り」や「悲しみ」といったネガティブ感情のほうが、強弱がつけやすくて表現もしやすいよ。怒っている顔を5段階で描き分けることはわりと簡単だけれど、安心している顔の5段階は難しい。「今よりもっと安心できる顔して」なんて言われても困りそう。

羽賀　「感謝」や「希望」なんかも、けっこう難しいですね。言葉や行動、エピソードでなら描けそうですけれど……。

佐渡島　**ネガティブ感情のほうが、視覚的に読み取りやすいってことか。**

石川　そこで僕が目指したいと思った境地が、能面。**能面にはあらゆる感情が詰まっていて、無限の表情があると言われているから。**

羽賀　ポジティブ感情・ネガティブ感情の両方ですか？

石川　そういうコンセプトで作られているらしい。顔の造りが左右対称ではなく右と左で微妙に違っていて、あらゆる感情が込められたものが能面なのだと。

それってもう究極だよね。「ものごとを細かく分解して理解する」のはわりと普通だし想像もつくけれど、能面は「調和していく」という発想。色

怒り・イライラ

即是空であり、空即是色みたいな。

佐渡島　レオナルド・ダ・ヴィンチの作品『モナ・リザ』は、彼が「すべての人をリラックスさせる笑み」を追求するために描いたものだという説を唱えている人がいて、僕はそれをすごく面白いと感じた。**笑顔って強すぎると警戒する人もいるし、笑っているのかわからないと不安にもなるよね。**どんな人も受け入れ、安心を与える微笑みという視点で『モナ・リザ』を眺めてみると、なるほどと思う。

石　川　ちなみに般若の面も「怒り」の裏には「悲しみ」があって、面の上部分が「悲しみ」の表情、下部分が「怒り」の表情とされているね。だから悲しみを表すときはグッと下を向いて上半分を強調するし、怒りをぶつけるときは逆に上を向く。
人が怒っているときって、同時に悲しんでもいるってことか……。確かに、怒りの根源を探っていくと、悲しみにつながっているところもあるね。とにかく僕は、あらゆる感情を集約させた能面のような気持ちで、日々を生きてみたい（笑）。

佐渡島　能面、面白いね。模写していたら絵がうまくなるだろうな。

羽　賀　その日の自分の感情によって、見えてくる表情も変わる気がします。

佐渡島　そうだ羽賀君、カッコイイ能面を見つけて飾ろうよ！　感情について毎日考えるようになるよ！

羽　賀　夜にふと見たら、すごく怖そうですけどね（笑）。

怒り

いま
自分の中の
「大切で守りたいもの」
が脅かされている
気がする…

ここは
怒ろう…

けど…

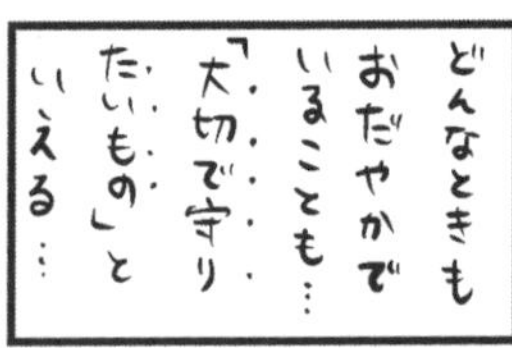

どんなときも
おだやかで
いることも…
「大切で守り
たいもの」と
いえる…

うぐ…

ぬぬ…
ぐ…

なんだ
ふざけんな
コノヤロー
なぜか
「笑いながら怒る
人」が頭を
よぎる
…
あれって
こういう
気持ちなの
かな…?

第5章

感情を語り、思考を深める

ポジティブ感情編

PRIDE

誇り

「誇り」にすがるか、鼓舞するか。
それが問題だ。

あなたの誇りは、「WE」と「I」どちらでできている?

【誇り】誇ること。名誉に感じること。また、その心。

(出典:デジタル大辞泉)

佐渡島 辞書によると「誇り」とは、「誇ること」らしい。この言葉の定義ってアリなの?(笑)「名誉に感じること」は理解できるけど。

石　川 スポーツの世界大会が開催されると、自国のチームに対して「日本の誇り」とか「我々の誇り」といった言葉をよく耳にするようになるよね。

佐渡島 応援している選手やチームが勝利したことへの喜びを、そう表現する人はいると思う。でも、選手や監督とかならまだしも、当事者以外の人間が自分に直接関係のないことに対して「誇り」と言ってしまうのは、僕としてはちょっと疑問があって。

そもそも誇りって、外部に対して思うことなのかな。僕はもっと内面的なものだと思っていたのだけれど。……羽賀君はどう感じる?

誇り

羽　賀　誇りという言葉からパッと思いついたのが、鳥山明先生のマンガ『ドラゴンボール』に出てくるキャラクターのベジータでした。彼は「サイヤ人の誇り」って何度も言うから。

佐渡島　確かに言うね。

羽　賀　ベジータは、自分が絶滅の危機にある戦闘民族・サイヤ人の生き残りであることに誇りを持っているし、エリート意識もめちゃくちゃ強いですよね。

石　川　**何かを受け継いでいる人は、誇りを持ちやすいのかも。**

佐渡島　**伝統や組織、種族といったものへの「所属意識」とセットなのかもしれないね。**それらとつながっているときに誇りを感じるのかな。ただ、**この場合の誇りって実は「不安」と表裏一体だと思う。**僕は、根拠のない自信を根拠があるように見せるための道具に感じる。
サイヤ人だって、フリーザ（同作に登場するキャラクター）にあっけなくやられて、住んでいた惑星が消滅してしまったわけだよね。ベジータは、「自分たちの種族が全宇宙においてかぎりなく強い」と思うことが難しくなってしまったからこそ、「サイヤ人の誇り」にこだわったんじゃないかな。

石川 組織や「WE」に対して誇りを持ちたがるというのは、そのすごい集団に自分が属していることへの誇り？

羽賀 だとすると、自分自身に対してよりも、その周辺や身の回りに関係することへのほうが、誇りを抱きやすいのかもしれませんね。

佐渡島 それはあると思うよ。大学時代、社会心理学の授業で自尊心に関する実験があって。一般的に「日本人は自尊心が低く、欧米人は高い」と言われているけれど、実は両者にさほど差はなく、何に対して自尊心を感じるかの違いなのではないかと。
それを調べるために、たとえば「私は素晴らしい」や「私たちは素晴らしい」という自尊心の高い言葉が出たら「〇」を、「私はダメだ」「私たちはダメだ」という言葉なら「×」を押してもらうという実験を行ったの。
結果、自尊心の総量はほぼ一緒で、欧米人は「私は素晴らしい」というように「私」が主語だと反応が早く、「私たち」だと認識するのに少し時間がかかった。一方、**日本人は「私」よりも「私たちは素晴らしい」のほうが早く反応するというデータが出た。**

おそらく日本人は、自分の所属している会社がすごい、故郷がすごい、日本がすごいと表現することで自分のプライドを満たし、誇りを感じているのではないかな。

「自尊心」があれば、「誇り」を持たなくても安定する

羽賀 「誇り」は英語で「プライド」ですよね。**日本では、「あの人はプライドが高い」とか「プライドが邪魔をする」など、あまりいい意味で使われない気がしていて。**

「誇り」に関してはポジティブな使い方をするのに、このニュアンスの差ってなんでしょう?

石川 確かに、プライドってなんかいいイメージがないよね。たとえば「プライドが高い」と言われて、喜ぶ人いなさそうだし。

佐渡島　そういえば、なぜか僕は「プライド高そう」とか「偉そう」なんて言われることがあるなあ（笑）。自分としては「プライドは必要ない」と思っているのに、どうしてそう言われるのか知りたいくらい。三田紀房さんのマンガ『ドラゴン桜』の担当編集として、「灘高・東大出身」をアピールしたことがあるけれど、あくまでプロモーション戦略として意識的に使っただけ。実際はまったく気にしていないけれど、ああいうのが「偉そう」に見えるのかなあ……。

羽　賀　佐渡島さんは、「答えを知っている人」というイメージが強いのでは？　打ち合わせをしていると、「それはあれだな！」ってよく言いますよ。で、そう言っているあいだに答えを考えている気がします（笑）。とはいえ実際は、お互いに答えがわからないから打ち合わせをするわけで、佐渡島さんもそういうスタンスですもんね。

佐渡島　そうだよ！　答えを知っていたら自分が原作者になっているよ！（笑）

石　川　**自分にとっての「強み」が「誇り」に変わることってあるのかな。**羽賀君が自慢できる部分ってどこ？

誇り

羽賀　小学生のときは、絵がうまいことをアイデンティティとして感じていたことはありますね。

佐渡島　以前、僕が「羽賀君の課題は、絵がヘタなことだね！」と言ったら、めっちゃ怒ったもんね……。僕は2人の共通認識だと思っていたから、「えっ!?　そこ怒るポイントだったの!?」ってビックリした（笑）。

羽賀　小学校の先生や友達からは「羽賀君は絵が上手だね」と言われていたので、マンガ家として編集についてもらうまで、自分の絵がヘタなこと知らなかったんですよ（笑）。……そう考えると、アイデンティティと誇りってわりと近い存在なのかも。

佐渡島　僕は何かを誇りに思うことはほとんどないけれど、自尊心はかなりあると思う。社会人になって仕事を始めてから現在に至るまで、「いかにして自尊心を安定させるか」を求めた旅であったし、自分の編集能力を尊重することと、安定的に結果を出すことはイコールだと考えているから。だから「自尊心がすごいね」と言われたら、「いやあ、そうなんだよ！それが僕の安定感だから！」と答える（笑）。**誇りを持つことを否定しな**

いし、持っていてもいいと思うけれど、ある種の弱さも含んでいると思うな。

たとえば僕が、編集者であることに誇りを持っていたとすると、コルクが編集というジャンル以外でビジネスをする選択肢が、生まれないかもしれない。そんな誇りなら、持たないほうがいいよね。

羽　賀　自尊心を保つためには、どんな思考を意識すればいいんですか？

佐渡島　**僕は、「価値」って基本的にレア度だと思っていて、言い換えると「これを理解している人間は少ないぞ」という部分。**

羽賀君の『漫画　君たちはどう生きるか』がベストセラーになったことに対して、僕自身は誇りをまったく感じていないけれど、たとえ周囲からどう言われようと、「羽賀君には才能がある。投資する価値がある」と言い続けてきた自分の判断には、絶対の確信を持っている。これは、自尊心がないとできないことだと思うよ。

石　川　「なぜ羽賀君なのか」というフィロソフィーには自信を持っているんだ。

佐渡島　そう！　……でもちょっと危ういかも（笑）。

誇り

羽　賀　絶滅の危機だ（苦笑）。

僕たちに「ゴールデンサークル」の中心はいらない

石　川　話は少し変わるけれど、「プライド（誇り）／フィロソフィー（哲学）／プリンシプル（原理・原則）」について、自分はどのように捉えているかを、ちょっと考えてみた。**プライドを「WHAT（何を）」、フィロソフィーを「WHY（なぜ）」、プリンシプルを「HOW（どのように）」**に当てはめると面白いね。
フィロソフィーは、たとえば「なぜ生きるのか」といった感じで「WHY」につながるし、プリンシプルは「物事をどのように行いたいか」という原理としての「HOW」。

佐渡島　プライドが「WHAT」なのは、すごくよくわかる！　**僕は「WHAT」よりも「WHY」にこだわりを持ちたいと考えているから、誇りという感情には距離があるのかもしれない。**

石川　実はこれ元ネタがあって、『TED』でサイモン・シネックが提唱した「ゴールデンサークル」からヒントをもらった。〝優れたリーダーやチームは、「WHY→HOW→WHAT」の順番で物事を伝えている〟というやつね。

ゴールデンサークルは円の中心に「WHY」があって、そこから外円の「HOW」「WHAT」へつながっていくけれど、僕は中心にはあえて何も置かず、三角形のほうがいいと思う。「中心」を置かないのが日本人の発想だから。

「WHY」「HOW」「WHAT」の3つを三角形で結んだものを「ゴールデントライアングル」と呼ぶとして、人はこの三角形を構成して生きている。

このどれにも関わるものがないと不安定になるだろうし、逆に3つすべてを固定してしまうと、ガチガチでつまらない。

1つか2つを留めておいて、残りを柔軟に変えていくのがいい気がする。

佐渡島　確かに円よりも三角形のほうがしっくりくる！　ゴールデンサークルの説

誇り

明をするとき、本当にこの順番でいいのかいつも悩んでいたんだよ。「WHY」の次は「WHAT」で、最後に「HOW」のほうがいいんじゃないか、とか。そもそも、どれかひとつを中心にしてはいけないということだね。

石川　「WHY」がガチガチに決まっていると、生きづらいだろうなと。「これが我なり！」みたいな感じ？（笑）
三角形なら状況に合わせて「フィロソフィー」だけは、軸足をちゃんと作っておこう」とか

ゴールデントライアングルで思考を整理する

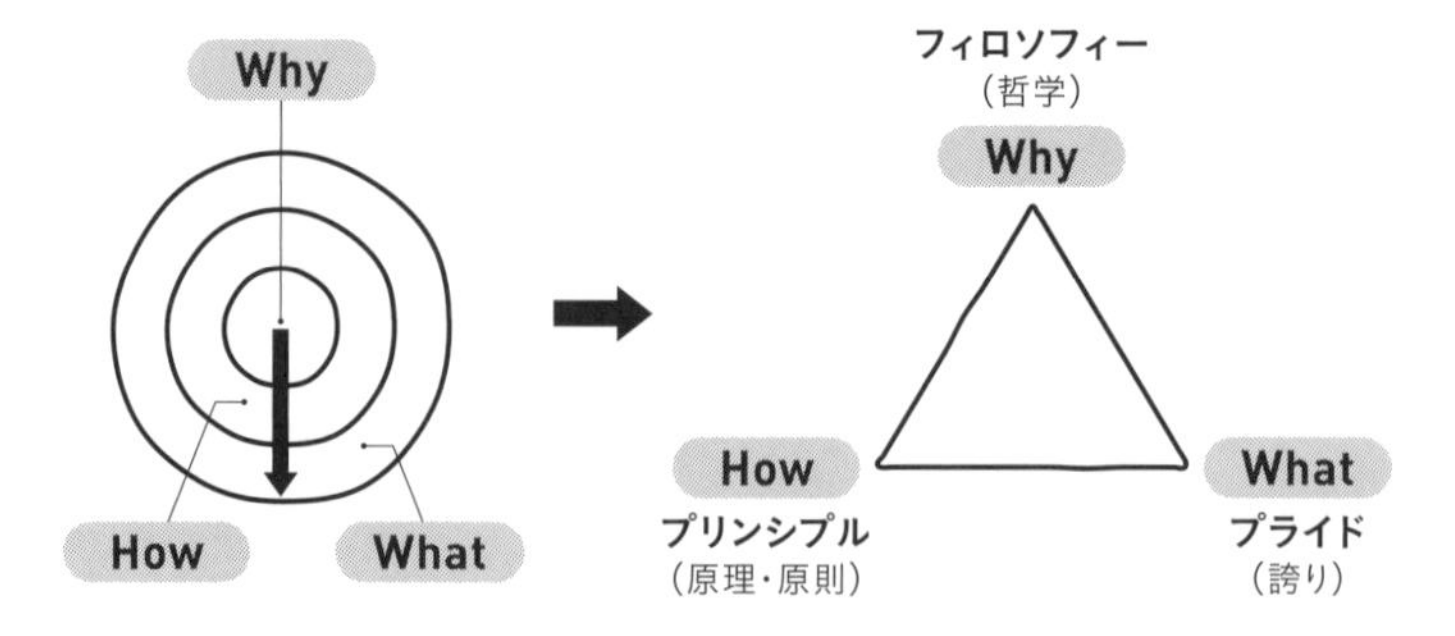

「ここはプリンシプルを変えずにいこう」などと、柔軟に対応していけるんじゃないかな。僕はこの三角形を作ってみて、自分には「プライド（WHAT）」「フィロソフィー（WHY）」「プリンシプル（HOW）」のどれもないな～と（笑）。1個くらいはちゃんと留めておこうと思った。

佐渡島　**「フィロソフィー（WHY）」に軸足を置いたら、「WHAT」の中身はなんでもいいかもね。**僕は、羽賀君と人間関係の在り方に関してはこだわりがある。これは自分にしかできなかったものだと思っているから。でも「HOW」には、それほどこだわりがないな。どんな「HOW」がダメかというのはあるけれど……。たとえば「羽賀君が売れるために、セクシー系のマンガをやってみるか！」というのは絶対にない（笑）。

石　川　行ってはいけない道でなければ、フィロソフィーに軸足があるから、「HOW」と「WHAT」はなんでもいい。

これを組織にはめ込んでみると、企業の社長は圧倒的に「フィロソフィー」なんだよ。社員は「プライド」を大事にしている人が、わりと「いい社員」だとされているかな。

誇り

佐渡島　組織としての役割の違いかもね。**社長は「WHY」、社員は「WHAT」と「HOW」で生きることで、三角形が成立している。**

……さて、流れを改めて振り返ってみると、「誇り」は、感情を安定させたり、不安を消したりする道具のひとつとも考えられるね。僕としては、**不安とセットだという点がすごく興味深い。**

羽　賀　「もっと誇りを持て」「誇りを持って生きなさい」という教えもありますけど、無理をしてまで誇りを持たなくても生きていけるのかもしれませんね。

石　川　誇りを持つことによって不安は消えるかもしれないけれど、「不安を感じている自分」を否定することになるから、動きづらくなる可能性はあると思うよ。

誇りを持って生きるのは、老後でもいいんじゃない？　人生、いろいろとやったあとに誇りを持ってもいいし、「ああ、やっぱりなかったなあ」でもいい。

……ってなんか、結果的に「誇り」がネガティブ感情みたいな扱いになっ

ていない？（笑）

佐渡島　それは我々の価値観のせいだよ（笑）。

「誇り」には、「すがる行為」と「自分を鼓舞する」という両方の作用があって、すがるとマイナス行為に近づくけれど、鼓舞するための誇りはあってもいいと思う。

でも僕は、自分を鼓舞しなくてもやりたくなるような対象を見つけたいかな。

誇り

どんな誇りをもちたいだろうて?
持てるものなら持っておきたい気がするぜ…

巨大な輝かしいモニュメントのようなものではなく…
THE誇り
なんか偉いことしてすごい賞
どやっ

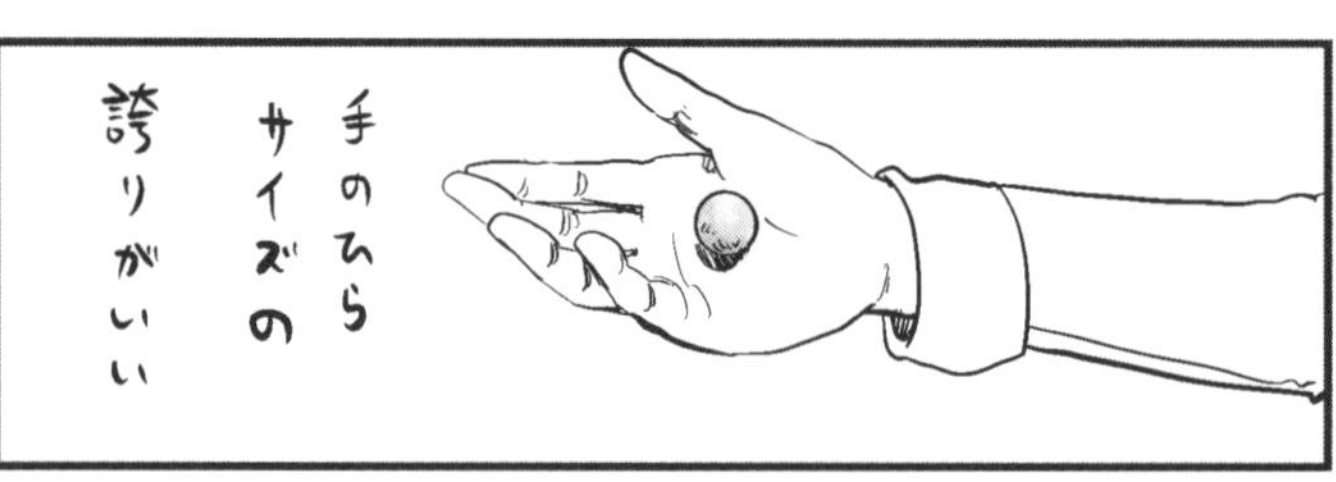
手のひらサイズの誇りがいい

年をとったあとも…

それをときどきポケットの中で握りしめながら…

自分のいる場所のたしかさを知れるような…
誇りがほしい

SURPRISE

驚き

世界に驚きを生み出す、

「とは」思考でいこう!

「では／とは」会話と「驚き」の、意外な関係性

羽賀　以前、佐渡島さんが**「どんな感情にも、その直前にはまず驚きがある」**と言っていたのが、僕の中ですごく印象に残っていて。

たとえば喜んでいる顔を描くときに、いったん驚いた表情の描写を入れると、感情の流れが全然違ってくるんです。

佐渡島　「驚き」って予想外のことが起きているわけだから、そのリアクションとして続く感情の波が生まれやすい状況だよね。しかも瞬間的なもので長続きしにくいから、驚きのまま終わるシーンってあまりない。強弱はあれども、ほとんどの感情の前に存在していると思う。ある意味、ポジティブ・ネガティブのどちらの感情でも発生するものだよね。

石川　サプライズパーティーの「サプラ〜イズ！」なんかは、ポジティブな文脈で使われる「驚き」だね。これがネガティブだと、「恐怖」や「不安」につながっていくのだろうな。

羽賀　未知のものに触れたときの「驚き」もありますね。

佐渡島　「未知」って、それを未知とするための前提条件がある状態じゃないと、そもそも遭遇したことに気づけないよね。「普通」を知らないと、「亜流」を認識できないのと同じで。

たとえば、映画『未知との遭遇』なら「知的生命体は、地球にしかいない」ことが前提条件としてあるからだし、裸で暮らす民族を見つけて「未知の存在」とするのは「人は服を着ているもの」という前提があるから。未知のものに対する驚きは、その前提条件とセットだと思う。

石　川　そういえば最近、「では」と「とは」について考えていたんだけれど、何かを語るとき、「〜では」で語る人と「〜とは」で語る人に分かれるとして、**「驚き」を与える人は、ほとんどが「とは」派じゃないかな。**

佐渡島　「では」派と「とは」派か。それは面白いね！

石　川　以前、仕事関係のパーティーで知り合った人が、「スウェーデンでは」という話を1時間くらいずっとしていて。「それに比べて日本はダメだ！」とまで言っていたから、「じゃあ、どうしたらいいのですか？」と聞くと、そのアイデアはない。なかなか会話が続かないいんだよ。

驚き

そんな「では」派の人と、どうやって話をすればいいのかを考えたときに、「スウェーデンとは？」で会話をしてみたらどうだろうと思ったのがきっかけ。

佐渡島 それ、「シリコンバレーでは」のパターンもあるな（笑）。

石　川 あるある（笑）。でも「シリコンバレーでは」と言っている人に、「シリコンバレーとは何ですか？」と聞くと、明確に答えられないことが多い。「では」派の人と話をしていても、驚きはあまり生まれないよね。「へえ、そうなんだ〜」とは感じるけれど。

羽　賀 ちなみに、小泉進次郎さんは「とは」の人だと思った。選挙で自民党が勝ったときも、テレビ取材で「政治における勝利とはなんでしょうか。それは選挙に勝つことではなく、この国の持つ可能性を最大限引き出すことができたかどうかだと思う」という、すごい話をしていた。

佐渡島 確かに「では」だけで会話していると、何も深まらないですもんね。

石　川 それもそうだし、相手への興味も持てないと思う。

「ヒットマンガとは？」のように「とは」で会話をすると、わからないこ

とを追求しようとするから驚きが生まれやすい。お互いがわからない中で進んでいく先に「驚き」があるわけだから。だから「とは」派の人は、何事にもわりと驚きやすいと思う。

僕と佐渡島君で「愛にとって〝過去〟とは何か?」という話をしたことがあるけれど、最終的に「相手の過去を知ることで、そこから得た情報をもとに、2人の未来を想像している」という考察に辿り着いたよね。「未来という不安要素を満たすために、過去を求める」なんて、思ってもみなかった着地点に自分でも驚いたし、佐渡島君やその場にいたみんなも驚いていた。

これが「では」の会話だと、自分がすでに知っている情報を出してくるから、自身の驚きもなければ相手も驚かないことが多い。

「では」だと、情報のマウンティングが始まる可能性もあるよ。「こっちのほうがレアだ」「こっちのほうが、肩書がすごい」「有名な〇〇さんが言っている」とかね。

佐渡島

「では」ばかり話す人は、名前を覚えてもらえない!?

佐渡島　善樹の「では」派と「とは」派の話を聞いて、ひとつ気づいたことがある。自分の中で名前を覚えられる人と覚えられない人がいて、ずっと「この差はなんだ？　どう説明できるのだろう？」と疑問に思っていたわけ。たぶんこれ、会話が「では」の人の名前を覚えていないんだ（笑）。スラックやチャットワークと同じ感覚で、「あの情報を言っていた人って、誰だっけ？」となっているから。

石　川　その人自身の意見ではないから、パーソナリティと紐づかないよね。**「とは」だと感情や体験がディスカッションのベースとしてスタートするから、自然と生々しくなる。**

佐渡島　ただ自分も講談社に入社したころは、「ヒットした○○というマンガでは……」という思考でやっていたな。ヒット事例としての「では」がすでに数多くあったから、学ぶにはとてもいい環境だと感じていた。でも今は、「マンガとは」のほうが強いね。そこから始めると、「2コマになってはじめてマンガとして成立する」とか「枠がないとマンガではない」といった概念に辿り着く。

「エンタメとは」「遊びとは」なんかも考えるようになったけれど、こうした問いを追求する行為そのものを、ビジネスパーソンが「日々の仕事」として成立させるのはわりと難しいと思うよ。むしろ自身のビジョンやミッションにつながるだろうから、長期的な視野での問いとして持っておくのがいいのかもね。

羽賀 思考の流れとして、「では」から入って「とは」に着地することはないですかね？

佐渡島 あるとは思うけれど、**「とは」から始まって「では」がいくつか入る流れのほうが、納得感があると思う。**「ヒットマンガとは？」から「○○という作品では……」の流れは自然だけれど、「○○では」から入ると、「とは」が見えなくなるよね。

でもまあ、実際は本を作るときも、「では」のほうを盛り込みがち（笑）。「とは」を期待して読みだすと、「では」がずっと続いていたりするし。

驚き

僕がコミュニティについて書いた『WE ARE LONELY,BUT NOT ALONE.』（幻冬舎）も、最初はコルクラボの事例を入れ過ぎてブログっぽくなってしまったので、大幅に書き直したんだよ。「では」を「とは」に変えて、あとは自分の一次情報と感情のエピソードを、具体例として入れるようにした。

「では」情報は、実用書やビジネス書向きだけれど、その文章を読んだ瞬間に消費してしまうから、誰が言ったのか忘れるよね。クリエイティブなコンテンツとしては残りにくい。**マンガや小説でやろうとしているのは、常に「とは」を問いかける行為だと思う。**

石川　作家や編集者、読者が一緒に歩んでいく感覚だよね。わからない領域へ一緒に行くから、長いあいだ付き合っていられる。

佐渡島　僕が新人マンガ家から上がってきたネームに「ダメ」と言うときって、「では」の話が多い。「とは」で話してほしいと思っているからなんだな。そして僕の質問が「圧迫感がある」と言われるのも、「とは」に置き換えようとするからだ（笑）。

石川　質問された側は、どこから考えていいか、わからなくなるんだろうね。

羽賀　……はい、佐渡島さんにものすごく整理されます（笑）。

佐渡島　「驚き」という感情が、思考の在り方によって生まれやすくなるという考察は新鮮だね。「とは」で物事を捉えると、驚きや発見につながっていく。

石川　**新しいものを生み出そうとするとき、驚きはセットだからね。**驚きがあるということは新しいことだし、驚きがなかったり簡単に理解できたりするものは、新しくはない。新しいものを生み出そうとするなら、「人に理解されてたまるか！」もアリなんだよ。

そして僕は、「〝とは〟とは？」っていう本を作りたい（笑）。

驚き

驚き

たくさん
驚ける人に
なりたい・・・

例えば・・・
うわぁ〜
「驚き」の
このページ・・・
もう5時間考
えてるのに全然
描けない・・・

はぁ・・・
となるよりも・・・

えっ
まっしろ
まだ1コマも
描けてないっ!!

すげ〜〜っ 5時間も
考えてるのに!!
まったくの
ゼロ!!
となる方がいい

まあ・・・
それだけ
「驚き」って
奥が深いんだなぁ
〜
たくさん驚ける人は
自分の機嫌をとるのが
きっと うまい

RELIEF

不安を吹き飛ばせば

「安心できる」とはかぎらない。

「安全・安心なコミュニティ」は、江戸時代にも存在した！

羽賀　僕にとって「安心」とはどんな状況なのかを考えたとき、まず浮かんだのが『宇宙兄弟』のアシスタントをしていたころの、作業をしている時間でした。小山宙哉さんから「ここの背景を描いて」などと言われて、決められた作業をしているあいだは、わりと安心していたなあと。

石川　やることが明確なうえに集中できるからね。アシスタント業務を終えて職場を出るときは、どんな心理状態なの？

羽賀　「疲れたなあ」という気持ちと、自宅に帰ったら自分の作品をやらねばという気持ちがあって、モヤッとしますね。当時はネームができると小山さんに見てもらっていたので、「また今日も見せられなかった……」なんて思っていました。

このモヤッとした感情を解消するにはネームを進めるしかないんですけれど、そこがうまくいっていないから、同じ感情がグルグルと回っている状態です……。

佐渡島　アシスタントとして背景を描くこととネームを考えること、どちらもやることは明確だけれど違いはあるのかな。

石　川　難易度が違うと思う。でも**羽賀君が『宇宙兄弟』のアシスタントをして感じていた「安心」って、役割を与えられている期間限定で維持できるものだよね。**一人のマンガ家として考えた場合でも維持できるかは別の問題で、今度は違う種類の不安が出てくるのでは？　このままずっとアシスタントをやっていくべきか、とか。

羽　賀　確かに目の前の作業に集中することで、ほかのことを考えずにいられるという側面はあります。ただそれとは別に、**「自分はここに所属しているんだ」という安心感**もあるんですよ。

佐渡島　**「安心」とコミュニティの関係性は深いと思う。**コミュニティの中で決められた役割があると「安心」が生まれるわけで、まさにその条件を満たしているね。ちなみに羽賀君が人生で一番安心していたときは？　大学時代とか？

安心

羽賀　大学時代はずっとモヤモヤしていました（笑）。佐渡島さんに作品を持ち込んでマンガ家になったときが、精神面は一番すっきりしていましたね。客観的に見たら「就職もせずに大丈夫か？」と不安に思われるだろうけれど、僕としては「自分を見つけてくれた人がいた！」という嬉しさがありました。**頑張れる場所ができたことのほうが大きくて、「マンガ家としてやっていけるかどうか」という不安感は、それほどなかったです。**

佐渡島　人は、自分が所属する「安全・安心なコミュニティ」が3つか4つあると、生きていくうえで安定したバランスを保てると言われているけれど、羽賀君にとってはそれが『コルク』であり、かつての『宇宙兄弟』であり、『コルクスタジオ』なわけだ。

羽賀　そうですね。今この場所がなくなるのは、ちょっと怖い気がします。

佐渡島　ただ僕としては、**「自分の役割」から生まれる「安心」については、「自由」と引き換えでもある気がするなあ。**たとえば、羽賀君がアシスタントチームというコミュニティの中で役割を果たすことと、自分の思うままに作品を描くことは異なるから。どちらが悪いとかではなく、自分が「安心」を抱く対象がなんなのかは、意識しておいたほうがいいのかもね。

石川　コミュニティについての話になるんだけど、江戸文化研究者・田中優子さんの著書に『江戸はネットワーク』（平凡社）というのがあって、これがすごく興味深い内容だった。

この本の中で、江戸時代には「連」というコミュニティが数多く存在していて、この膨大なネットワークを利用して情報が行き交い、豊かな文化が誕生していったのだと言及されている。

かの松尾芭蕉も連句（※五・七・五の長句と七・七の短句を交互に詠み交わしていくもの）が得意で、訪れた各地で出会った人たちと句を詠んでいたら有名になり、それで食べていけるまでになった人でしょ（笑）。

連に所属している人たちはいわゆるペンネームのような「号（俳号）」を持っているのだけれど、文化人ともなると、連ごとに違う30から40もの号を持っていた。

安心

これはある意味、「一貫した自己なんて別に無いよね」という考え方とも取れる。40の連コミュニティに属していれば、40の自分が存在するということだから。

羽賀 現代ならSNSのアカウント名ですかね。自分の号の数が、所属しているコミュニティの数にもなるわけですか。

石川 そう。号は連の中だけでなく、飲みに行ったお店とかでも使っていたみたいだけれどね。羽賀翔一ではなく「酔いどれ太郎です!」みたいな(笑)。ただ連という**コミュニティはあくまで「機能」を重視していて、「存在」することが目的ではなかった。**だから機能しなくなったら解散する。ついては離れ、の繰り返し。

羽賀 連句って、完全なる個人でクリエイティブなものを生み出すというよりは、なんとなく地続きで他者とつながっている自分がいて、そこから何かを作り出す、というイメージがします。
以前にこのメンバーで「誇り」について話をしたとき、「日本人は組織やコミュニティに対して誇りを抱きやすい」という考察がありましたけれ

石川　ど、こうした昔からの慣習も影響しているんですかね？

つながっていると思うよ。個人ではなく連として何かを作り出す感覚なのかも。人類の長い歴史の中で見てみると、「個」に焦点が当てられるようになったのはつい最近のことなのだとつくづく感じる。

「不安」をなくしたら、人は「安心」できるのか？

佐渡島　**「安心」の対義語って「不安」だよね。**

抑うつ状態って、あらゆることへの不安や悲観、「周囲が自分を攻撃している」などの思考が伴っているけれど、これはその人の生活環境や人間関係といった外的要因に、感情が振り回されてしまっている可能性もあると思っていて。

石川　「論文は鬱っぽくならないと書けない！」みたいな感覚なら、僕も理解できる。

研究者にとって1月って、だいたい論文を書くシーズンなんだよ。7月の学会に向けた論文の締め切りが1月だから。なのでこの時期は、みんな鬱々としている（笑）。

佐渡島　アイデアを出すときはご機嫌でいいのだけれど、きちんと思考をつなげようとすると、だんだん鬱っぽくなっていく。

そもそも躁状態だと、ずっと机に向かってなんかいられないよね（笑）。思考を「ああでもない……こうでもない……」とやっていると、鬱状態になりやすくはなるかもしれないなあ。

羽　賀　「人間が持つ闇」をテーマにした作品は数多くありますけれど、作家にとってはその深い闇を覗いて向き合い続ける作業でもあるので、精神的にかなりきついと思います。

佐渡島　それで自殺してしまう作家もいるくらいだからね……。

ただこれは、作家という職業だけが特殊な要因ではない気がする。なぜかというと、自殺してしまう人の職業において作家が突出して多いわけではないから。僕はやはり、外的要因が存在していると思うな。たとえば人やコミュニティとの接点がほとんどなかったり、逆に人やコミュニティがストレスになっていたり。あとは昼夜逆転の生活や、薄暗い部屋でずっと何かに没頭しているとか……。もちろん要因はこれだけではないけれど、少なくとも生活スタイルがめちゃくちゃな人は、負の思考や負の感情にのみ込まれやすくなってしまうと思う。

羽賀　**すべての感情は人間という「生身の箱」に湧き上がるものだから、まずはこの箱をすごく丁寧に整えることを最優先するのが重要ではないかと。**

佐渡島さんは朝ヨガやサウナ、ウォーキングを自身の生活スタイルに取り入れているし、まさに「箱を整える」ことを大切にしていますよね。

佐渡島　うん、かなり意識してやっている。

今思い出したのが『レディバード・レディバード』というイギリスの映画。とある事故によって「母親失格」の烙印を押された女性が、自分の子どもを次々と社会福祉局に奪われるというストーリーで、実話を元にしているんだよ。母親がひたすら子を想う気持ちと、法による無慈悲さが強烈で、演じる俳優が情緒不安定になるかもしれないとカウンセラーを入れて撮影したらしい。

安心

石川　イギリスでは、役者はまず「仮面の外し方」からトレーニングするのだと聞いたことがある。アメリカはその逆で、いかにして「仮面を付ける」かをトレーニングする。捉え方の違いが面白いよね。アメリカの役者は仮面を付けるのがうまい。イギリスの役者は外すのがうまい。

つまり**イギリスは、「〝仮面を付けていない自分とは何か〟をしっかり持っていないと、役柄や感情に自分を持っていかれるぞ」ということ。**演じていない「自分」を理解できていれば、どんな役でも自由自在に行き来することができるという考え方なのだと思う。

佐渡島　**学生時代の同級生とか昔の友人に会うと安心するのは、「まだ何者でもなかったころの自分」を知ってくれているからじゃないかな。**

でもさ、今の自分の環境がすごく変わっている場合、昔の友人に会うと居心地が悪くなる人もいない？

石川　確かに！（笑）

佐渡島　たとえばスクールカーストが存在するような学校で、そこから抜け出したいと思っていた人にとっては、現在のほうが素の自分かもしれない。

石川 そう考えていくと、「素の自分」という概念すらあいまいになるな。むしろ大切なのは、特定の仮面に執着しないことだね。社会的な関わりの中で生きる以上、いくつもの仮面を持つことは避けられないけれど、**「自分はいつでもこの仮面を外せる」という自信が「安心」につながるのかも。**たとえば有名企業の社員だとして、「〇〇社の一員」という仮面だけを拠り所にすると、それを外したときの自分が何者でもないような気がしてしまうのでは？

佐渡島 それ、僕はまさに「会社を辞めるとき不安じゃなかったの？」と聞かれた（笑）。でも僕としては、将来、自分の人生をコントロールできなくなることのほうが不安だった。

「安心」ってかぎりなくコントローラブルというか、自分で作り出したり操縦したりできる感覚と結びつくな。**生活環境やコミュニティにおける「身体的安全性」と「心理的安全性」を確保することで土台が固まり、そこから「安心」が生まれるイメージ。**

羽賀君はどう感じた？

羽賀　僕はこのテーマを話す前は、「不安をなくせば安心できる」という考え方に近かったと思います。でも「不安を消すこと」が、必ずしも「安心」にそのまま結びつくわけではないのかもしれない。どうすれば自分が安心を感じられるのかをもっと知って、そういう場を増やしていきたいです。

安心

人生を
ひとつの「自分」だけで
人生
抱えるのは
不安定…

いろんな「自分」で
支えていると…
人生
安定して
安心 できる…

人生を運んでいくのに全然協力的じゃない
「自分」もいるだろう
…
重さかかってない

他の「自分」がんばれっ!!
しかし
こういう自分が
描くマンガも
きっと面白い
…はず

人生
いろんな「自分」は…
安心してると
寄ってくるん
だなぁ…

感謝

APPRECIATE

本気の「感謝」の気持ち、
あなたならどう伝える?

「当たり前」がなくなると、感謝は生まれやすくなる

佐渡島　「感謝」について語るせっかくの機会だし、ここは妻への感謝を言っておいたほうがよくない？（笑）

石　川　いきなり言っちゃいますか（笑）。

佐渡島　毎日ちゃんと感謝するって、なかなか難しいことだからさ。僧侶の修行って、万物に感謝するでしょ。「今日、食べる物が有ることにありがとう」とか。当たり前と感じていることに対して感謝するのってすごいと思う。日本では、電車が時刻表どおりに走るのは当然だから、日頃からそこに感謝している人は少ない。数分でも遅れたら怒るくらいだし。でも災害とかの状況下になれば、電車が当たり前に走っている日常がありがたいことだったのだと気づいて、一本動くだけでも感謝するようになる。

石　川　いつも遅刻する人がたまに時間どおりに来ると、それだけで感謝されたりもするしね（笑）。これは、日頃から「世界や未来は予測できる」と思っ

ているか否かで、捉え方が変わると思う。無意識に予想していた未来からずれると、感謝の念が生まれやすくなるということだから。

羽賀 だとすると、「この世に当たり前などひとつもない」と思えれば、何事にも自然と感謝できるようになるのかもしれませんね。「ありがたい」という言葉も、「有るのが難しい」という意味の「有り難い」からきているし。

佐渡島 **日常における「当たり前」という概念を、いかに外せるかが重要な気がするな。**

石川 ということは、家に帰ったら奥さんがいるのが当たり前だと思っていると、ありがたさを感じづらくなるけれど、「今日はいるかな……」とドキドキしながら帰って、そこに奥さんがいたら感動するかもしれない（笑）。

佐渡島 いいね、その思考法（笑）。奥さんだって、帰ってきた夫が自分を見るなり「いたー！」って感動していたら嬉しいかも。

羽賀 そもそも日頃の感謝を改まって伝える機会って、あまりないですよね。父の日や母の日は、商業イベント的なイメージもあるけれど、本来はそのためにあるはずで。

佐渡島　母の日かあ……。小学5年生くらいのとき、母の日に何もしないでいたら夕方になって急に母親が、「母の日なのに、あなたたちは誰も感謝をしないわけ!?」って言い出して（笑）。兄弟で「お前が買いに行けよ」なんて言い合いつつ花を買って、なんとかなだめようとしたことはある。

石　川　僕は逆に、母の日にはじめて花をプレゼントしたら「いらない」と言われた。

佐渡島　マジで!?（笑）

石　川　母親は花がすごく好きだから、近所の花屋でカーネーションを買って渡したの。そうしたら、「善樹は、お母さんが嬉しいほうがいいでしょ？　お母さん、カーネーションはあまり好きじゃないから取り換えてきてもらえる?」と。それを見た父親が、「あんな母ですまんな……」って（笑）。

羽　賀　それは衝撃ですね（笑）。

石　川　でも今思うと、母親へ感謝する日なのにこちらが「ありがとう」を期待するのも違うなと。

何かをしてあげたとき、相手のリアクションが自分の期待したレベルに達していないと怒る人がいるけれど、それって自分の感情を相手にゆだねてしまっているよね。

自分の感情は、自分でコントロールできたほうがよくない?

佐渡島 そうだね。あくまでも自分がやりたいからやる。**「感謝」という見返りを相手に求めなければ、「人から感謝されたい」という欲求もなくなるだろうし。**

羽　賀 じゃあ感謝の気持ちを伝えるのも、相手に投げたら完結してしまってもいいんですかね?

石　川 一方通行でいいと思う。相手の反応がどうであろうと、それが期待したものではなかったとしても、自分が抱いていた「感謝の気持ち」が変わることはないはずだから。たとえ「カーネーションはいらない」と言われようとも(笑)。

感謝は「伝える」ものではなく、「伝わる」もの

佐渡島　「いい感謝の仕方・伝え方」ってなんだろう。

羽　賀　僕は新人のころ、デジタルでの作画を学ぶために、あるデザイン会社で修業したことがあるんです。すごくお世話になっていて悪いなという気持ちがあったので、スタッフさんと一緒にお昼ご飯を食べたとき、昼食代を僕が払いました。
でもそれを知った社長のO氏にすぐ呼ばれて、「羽賀君は、どういうつもりで奢ったの？」と。「お世話になっているので、せめてお昼代くらいはと思って……」と答えたら、「そういうことはしなくていい。我々はプライスレスなものを提供しているつもりなのに、それが昼食代で消化されてしまうのは悲しい。何年後になるかわからないけれど、いつか羽賀君が面白いマンガを描いて俺を楽しませてくれたら、それを君からの感謝として受け取らせてもらうよ」と言われました。
感謝の伝え方にこんな形があるのだと、今でもすごく印象に残っています。

佐渡島　僕がニューヨークで講演をしたときも、Oさんはサプライズで駆け付けてくれたな。会場に彼がいて驚いていたら、「2、3日前に講演を知って、予定を全部キャンセルして来た」と。そういうことができちゃう、すごくカッコイイ人。

羽賀君のエピソードを聞いて思ったんだけど、**「感謝」には「相手との価値の交換」が関係してくるね。これは、ほかの感情とちょっと異なる気がする。**

石川　「感謝」という感情を他者に伝えるとき、ある程度は同じ分量を渡そうとするけれど、その時期やスパンは人によって違ってくる。

その形も人それぞれで、羽賀君のように創作で返すこともあるし、すごく時間をかけて届く感謝でもいい。

佐渡島　マンガ家は、作品で感謝を伝えることがあるよ。

僕の結婚式に井上雄彦さんと小山宙哉さん、ツジトモさんに来ていただいた際、小山さんとツジトモさんはまだデビューする前だった。だから井上さんと話をできるようにと、席を近くしておいたの。このとき2人は井上さんと一緒に写真を撮らせてもらったんだけど、その後、『宇宙兄弟』の

1話目に描かれている主人公の六太と日々人が毛利衛さんと写真を撮っているシーンを読んだツジトモさんが、「これは絶対にあのときのオマージュだ！」と。小山さんの位置が六太で、ツジトモさんは日々人。その後ろに立つ井上さんは、毛利さんのように「君たち頑張れよ」と2人の背中に手を添えている。

僕はそれを聞いて小山さんに確認したら、本当にそうだった。あのときのことを思い浮かべて、六太たちのシーンを描いていたと教えてくれて。「自分たちを応援してくれてありがとうございます」という、まさに小山さんが井上さんへ込めた「感謝」だよね。「マンガ家ってすごいな……！」と思った。

石川 本当に感謝をしようと思ったときは、こちらも相当本気にならんといかん、ということだね。

羽賀 はい。感謝の気持ちをプレゼントやお金で伝えるよりも、覚悟がいる気がします。

佐渡島 プレゼントと言えば、僕は打ち合わせに手土産を持っていくかどうかで悩

感謝

宇宙兄弟 © 小山宙哉／講談社　1巻 #1

むことがある。**自分としてはどんな仕事も「お互いがやりたくてやっている」という前提だから、気持ちではなくモノで相手を引き込もうとしている感じが、どうもしっくりこない。**手土産を買いに行ったものの、すごく考えに考えて結局買わずに店を出たこともあった。相手をコントロールするために感謝するのは、ダメな気がして難しいね。

羽賀　相手をコントロールするというよりは、「ありがとう」と伝えることでコミュニケーションが潤滑になる場合もあると思いますよ。

佐渡島　でもそれって結局は、「コミュニケーションを潤滑にしたい」という、こっちの都合じゃない？

……まあ、こんなことを言っているから、人からよく「君は失礼だな！」なんて怒られるんだけど（笑）。

石川　感謝って、直接言うことだけがすべてとは思わないな。小山さんがマンガのワンシーンに込めた感謝の気持ちだって、井上さんへ献本する際に「あのときの想いを込めました！」と書いた瞬間に、なんか違ってしまうような気がする。

感謝

感謝は「伝える」ものではなく、「伝わる」ものなのでは。

お金の本質は感謝のしるし

石　川　感謝のために使うお金の理想の形ってなんだと思う？　佐渡島君は、毎日考えるわけでしょ。「これなら今月もみんなに給料を払えるな」とか。

佐渡島　コルクを立ち上げて感じたのは、僕の理念に共感して集まってくれ、かつその実現を助けてくれる人たちに感謝の気持ちを伝えるとき、お金以外の方法で継続するよりも、お金を払うほうが実は簡単なのだということ。

石　川　羽賀君に対しても僕は才能があると思っているけれど、羽賀君は自分自身を信じ切れていない。そんな羽賀君に対して、もし僕が講談社の社員のままだと、言葉で何回も伝え続けるしかないわけ。でも自分の会社を作ってお金を払うことで、「僕はあなたに才能があると思っているよ」ということを伝えることができるから。

石　川　それって「感謝」というよりは「期待」に近いかもね。

佐渡島　確かに、それもある。

羽賀　むしろ僕がどう感謝するかだと思います（笑）。

石川　いやでもこれは、「社長にとって一番価値のあることは何か」という重要な問いだよ。従業員がどのような状態だと、給料を支払うことに対して社長が価値を感じるのか、だから。従業員から「ありがとう」と思ってもらうことなのか？　……羽賀君は、佐渡島君に「ありがとう」と思ったことはある？

佐渡島　わざわざ「ないです」なんて、羽賀君は言わないよ（笑）。でも固定給を毎月もらうことに、羽賀君自身がモヤモヤしている時期はあったよね。今はもう固定給ではないけれど。

羽賀　そうなんです。

石川　「給料をもらっているせいで自分はダメになっている」みたいなこと？　だったらいっそ、そのお金を全部燃やしてみたらよかったのに。羽賀君には「給料を焼いたことすらない人間の、何がクリエイターか！」とか言ってほしい（笑）。

感謝

佐渡島　僕としては、給料を払うことに感謝してほしいとか全然ないな。それよりも会議の仕方が変わったり、「これならいい結果を出せるな」と思えたりしたときがすごく嬉しい。**給料って投資みたいなもので、組織やメンバーみんなが成長するようにと思いながら投資しているわけだから。それが成長で返ってくると嬉しくなる。**

石　川　社長は「お給料、このくらいでごめんな」、従業員は「こんなにありがとうございます」。これが起き続けているのが、いい会社だと思う。

なるほどね。「感謝」とは何か、全然着地はしないけれど、深いテーマだということはよくわかった（笑）。

感謝

2018年頃「漫画君たちはどう生きるか」で…
君たちは
どう生きるか
僕はマンガ家としてはじめてヒットを出したが
"どう生きるか"という問いに
僕自身のこたえはまだなかった…

この鼎談は僕にとって
「君たち」の続編のような体験で楽しくそのこたえを探すことができた

「生き方」というのは、
「感謝の伝え方」
ともいえるのかもしれないと…
ときどき思う…
ありが
とう…

どんな感情であれ
自分の感情を知れたことに…
いつか感謝の気持ちを
持てたらば
…

僕はきっと
自然なこととして
マンガで
たくさんの感情を
描けるように
なるのだろう

感謝

「幸せ」とは何か
～あとがきにかえて～

「幸せな人生って、どんなものだと思う？」

中学生のころ、家族でドライブをしているときに、急に父が聞いてきた。僕がなんと答えたかは覚えていない。

一方、父の答えはよく覚えている。

「気が狂って、何が起きても、自分が世界を統べている王様と思っている人だよ」

なぜ、父は僕らにそんな話をしたのか、意図はまったくわからない。しかし、僕の心にこの言葉は深く刻み込まれた。まあ、サラリーマンとして疲れていただけで、そんなに深い意図はなかったのだと思う。42歳になって3人の子持ちとなった僕としてもわからない訳ではない。

高校生になった僕は、マーク・トウェインに傾倒するようになった。『トーム・ソーヤーの冒険』や『ハックルベリー・フィンの冒険』ではなく、晩年の『人間とは何か』や『不思議な少年』だ。

『不思議な少年』の中には、こんな文章が登場する。

〝なんて馬鹿なんだね、君は！　間抜けにもほどがあるぜ。正気で、しかも幸福だなんてことが、絶対にありえないってことくらい、君にもわからないのかねえ？　正気の人間で幸福だなんてことはありえないんだよ。つまり、正気の人間にとっちゃ、当然人生は現実なんだ。現実である以上、どんなに恐ろしいものであるかはいやでもわかる。狂人だけが幸福になれる。もっとも、それもみんなじゃないがね。自分を国王だと信じ、神だと思いこんでいる少数のものだけが、そうなんだ。あとのものは、これは正気の人間同様、不幸に変りはない。もちろん、いつだって完全に正気だなんて人間は、一人としていないぜ。〟

マーク・トウェイン：著／中野好夫：訳『不思議な少年』岩波文庫より

父が僕に伝えたのと同じような考え方だ。仏教でも、同じような思想がある。

一切皆苦。

現実のすべては苦しいものであることを認識し、諸行無常を受け入れると安心が訪れるという。

しかし今の時代、本当に現実は苦しいものだろうか？

飢餓に襲われ、疫病が流行り、予期せぬタイミングで大切な人を失ったりする経験が日常的だった頃なら、現実を苦しいと思うのはわかる。そこには物理的な苦しみが存在していた。

今は飽食の時代だ。何もかもが過剰にあり、満ち足りている。

なのに僕たちは、なぜ苦しいのだろう？

なぜ僕たちは、「どう生きるべきか」と悩むのだろう。

苦しみは、物理的にあるのでない。僕たちの心の中にある。どうすればこの苦しみを取りのぞき、幸せになれるのか。

——狂う？

それ以外の方法があるはずだ。

僕はこのあとがきを執筆するにあたり、本書が生まれるきっかけともなった、石川善樹の言葉を思い出していた。

「感情を知ると、人は幸福になれる」

ならば感情をもっと深く理解していこうと、僕らはハーバード大学が分類した12の感情について語り合ってきたのだ。そして今、最後のピースとなった「幸せ」について考えている。

僕は何気なく、ほんの数行前の文章で「幸せになれるのか」と書いている。おそらくほかのシーンでも、同じような表現をしていたはずだ。

でも最近は、この思考自体が、幸せを阻んでいるのではないかと考えるようになってきている。

資本主義社会の中で、成長は良いこととされている。経済全体も、会社も、個人にとっても、すべからく成長することが良しとされている。

成長するために、人はさまざまなことをしなければならない。そして何者かにならないといけない。**「する」を繰り返して「なる」を達成することが成長につながると、多くの人は信じている。**

「する」と「なる」は、もはや疑う余地がないくらい当たり前の良いこととされているように思う。

僕たちは何を「する」と、幸せになるのだろう？
何に「なる」と、幸せになるのだろう？

そう自問してみる。

幸せとは、コロンブスがアメリカ大陸を見つけたように、どこかにあるのだろうか？

そこにたどり着いたら、僕らはずっと幸せなのだろうか？

ここでふと疑問が湧き、僕は立ち止まる。

これらの問いは、本当に良い問いなのだろうか？

もし問いが間違っていたら、僕たちはいつまで経っても答えにたどり着けない。

犬や猫を観察してみると、彼らは何かに「なる」ために「する」ことがない。ただそこに居続けるため、つまり生き続けるためだけに「する」のであり、「なる」は手放している。そもそも動物には、手放している意識もないだろう。それが自然なのだ。

石川善樹の肩書は、僕がはじめて会ったときは「ニート」だった。気づくと「予防医学者」になっていた。本当に使っているのかはわからないが、彼はあるとき、**「今後は肩書を〝何者でもない。そして何者かになる予定もない〟にする」**と言い出した。またお得意の、ちょっとわけがわからないことを言っていると思っていたのだが、この肩書は、「なる」を手放そうとする意思の現れと言えるものだと最近、理解した。

僕と善樹の関係は、親友と呼べるものではないかと思っている。一度も「俺たち親友だよね？」と聞いてみたことはないが。

出会いは、共通の友人を介してだった。僕の高校時代の友人が、若くしてガンになった。はじめはその病室で繰り返し会い、その後はお葬式で会った。特に何かを話したわけではない。単なる知り合いで終わりそうな関係だった。そんな関係のまま、ベンチャー経営者が集まる会で偶然会うことを繰り返した。**ただ「いる」という状態を10年近く経て、一緒に旅行を「する」ようになり、知らぬ間に親友に「なって」いた。**

マンガ家の羽賀翔一と僕の仲は、険悪な時期があった。

マンガ家としてうまくいかない状態が続き、羽賀君は自分の思考を守ろうと、僕に対して閉ざす態度を見せていた。それは、僕に対する怒りにも感じられた。

正確な感情は、羽賀君でないとわからない。その感情はこの先、彼のさまざまな作品によって表現されていくことだろうから、ここはひとまず一方的に、僕には怒っているように見えたという前提で話を進める。

羽賀君と僕は、**偉大なマンガ家に「なる」ために、羽賀君はマンガを描くことを「した」。僕はアドバイスを「した」。**

数年が経ち、何者にも「なる」ことができず、うまく「する」ことができなかった。目標を達成することができず、一緒に夢を目指す仲間のはずが、険悪な関係になった。

そして僕は、羽賀君にアドバイスするのをやめて、ただコルクに「いて」もらった。

それを何年間か続けていたら、羽賀君は『漫画 君たちはどう生きるか』という大ヒット作を生み出した。ほどなくして僕たちはまた普通に話すようになり、今は不思議な絆をお互いに感じている。羽賀君にも「俺たち、不思議な絆があるよね？」と聞いてみたことはないが。

「なる」「する」「いる」の順番で人が集まると、うまくいった場合にしか一緒に居続けることができない。

しかし「なる」と「する」を手放して、とにかく一緒に「いる」を続けていると、自然と「する」と「なる」が生まれる。

幸せとは、「する」を手放した状態なのではないか、というのが今のところの僕の答えだ。

そう考えると、「Well-being」という言葉はすごく深い。「Well-doing」ではなく、「being（存在）」なのだ。さらには「Human-being」であり「Human-doing」ではない。言葉の中に、僕たちの在り方がもう示されている。言葉が生まれ定着していく中で、無意識にしっくりくるものを、僕たちは選んでいるということだ。

「する」を手放すとは、未来的な生き方というわけではない。言葉そのものにそれが暗示されているように、原点に戻る考え方であり、仏教などがずっと主張していたことだ。

「する」を手放すと因果関係を意識しなくなり、過去と未来を妄想しなくなり、今に集中できて、幸せな状態になると感じている。この言葉の意味は、わからない人のほうが多いかもしれない。でももし興味を持ってくれたのなら、今後、違う言葉を探っていったりもするので、僕のブログや本を追ってもらえたらと思う。

最後に言い訳をしたい。言い訳というと悪いことと思う人が多いが、あとがきで言い訳をするのが、なぜか最近の僕は好きなのである。

この本は、僕と善樹が旅行をしているうちに仲良くなり、毎月、理由もなく2時間くらい話すようになったところで羽賀君にも声をかけ、3人で雑談していた内容がベースになっている。雑談をするにあたり、テーマがあるほうが話しやすいので、なんとなく「感情」をテーマにしていた。書籍化を意識せず奔放に話していたこの雑談をライターの秋山美津子さんがまとめてくれ、本として完成度を上げるために、僕に個別のインタビューをしてくれた。

僕自身が編集者だから、締め切りを守る作家が大好きなのだが、この本は僕が締め切りを破りまくっている。

今まで僕は、こだわりを発揮することがいいことだと思っていた。だからライターによる文章にもこだわりを発揮し、書き直していた。今回、僕は原稿を読みながら、書き直しを「する」をしていいのだろうか、と悩んだ。この本は、善樹、羽賀君、秋山さん、僕の4人の共同制作で、文章に関しては「いる」を徹底したほうがいいのではないか?

そもそも感情について僕自身もよくわかっていないのだから、秋山さんの文章が違っていると感じたとしても、誤差ではないのか。大まかな方向さえ合っていたら、あまり直さないほうがいいのではないかと考えたりした。

そして、著者として名前が載ることの責任について考えだしたら、そもそも責任とはなんだろうかと、また考えが止まらなくなった。

これは関係者への言い訳であり、読者が僕の主張が他の自著と違うところがあると違和感を覚えたら、このような意図があると思ってもらえたら幸いである。

本を作りながら、編集者が「する」を手放したらどうなるかということを僕は考えていた。面白いことに自分が編集者のときよりも、著者であるときのほうが実験的な本の作り方をしている。

ぜひ、この本を読んでどんな感情が湧いたか、感想を聞かせてほしい。

最後まで読んでくださり、ありがとうございます。

2021年　11月　佐渡島庸平

PROFILE

佐渡島庸平 著

株式会社コルク代表取締役社長。編集者。

1979年生まれ。中学時代を南アフリカ共和国で過ごし、灘高校に進学。2002年に東京大学文学部を卒業後、講談社に入社し、「モーニング」編集部で井上雄彦『バガボンド』、安野モヨコ『さくらん』のサブ担当を務める。03年に三田紀房『ドラゴン桜』を立ち上げ、小山宙哉『宇宙兄弟』もTVアニメ、映画実写化を実現する。伊坂幸太郎『モダンタイムス』、平野啓一郎『空白を満たしなさい』など小説も担当。12年、講談社を退社し、クリエイターのエージェント会社・コルクを創業。『宇宙兄弟』『インベスターZ』『マチネの終わりに』などを担当。インターネット時代のエンターテインメントのあり方を模索し続けている。コルクスタジオで、新人マンガ家たちと縦スクロールで、全世界で読まれるマンガの制作に挑戦中。

石川善樹 著

予防医学研究者。博士(医学)。

1981年生まれ。東京大学、ハーバード公衆衛生大学院を経て、自治医科大学で博士(医学)を取得。公益財団法人Well-being for Planet Earth代表理事。「人がよく生きる(Good Life)とは何か」をテーマとして、企業や大学とプロジェクトを行う。専門分野は、予防医学、行動科学、計算創造学、概念進化論。多岐にわたる知識から発せられる秀逸なコメントは、講演会、テレビ番組などのメディアでも好評を得る。著書に『考え続ける力』(ちくま新書)、『フルライフ』(NewsPicksパブリッシング)など多数。

羽賀翔一 画

マンガ家。コルクスタジオ所属。

1986年生まれ。2010年、『インチキ君』で第27回MANGA OPEN奨励賞を受賞。『ケシゴムライフ』でデビュー。2017年8月に発表された『漫画　君たちはどう生きるか』(マガジンハウス)で一躍注目を浴びる。大ヒットを記録した『嫌われる勇気』(ダイヤモンド社)の挿絵をはじめ、seven oopsのアルバムジャケットなど多方面で活躍。本作の装画・挿絵も手掛ける。近刊『ハト部』(上下巻・双葉社)。現在Twitter(@hagashoichi)で毎日1Pマンガを更新。

STAFF

装幀・本文デザイン　西垂水敦・市川さつき(krran)
装幀画・漫画　©羽賀翔一／コルク
構成・文　秋山美津子
編集協力　長谷川寛(コルク)
図版制作　櫻井ミチ
校正　東京出版サービスセンター

SPECIAL THANKS

池田杏子、代麻理子、栃尾江美、宮下浩司(コルクラボ)

感情(かんじょう)は、すぐに脳(のう)をジャックする

2021年12月28日　第1刷発行
2022年 9 月 8 日　第2刷発行

著　者	佐渡島庸平、石川善樹
画	羽賀翔一
発行人	川田夏子
編集人	滝口勝弘
編　集	浦川史帆
発行所	株式会社　学研プラス 〒141-8415 東京都品川区西五反田2-11-8
印刷所	中央精版印刷株式会社

≪この本に関する各種お問い合わせ先≫
●本の内容については
下記サイトのお問い合わせフォームよりお願いします。
https://gakken-plus.co.jp/contact/
●在庫については
☎03-6431-1201(販売部)
●不良品(落丁、乱丁)については
☎0570-000577
学研業務センター
〒354-0045　埼玉県入間郡三芳町上富279-1
●上記以外のお問い合わせは
☎0570-056-710(学研グループ総合案内)